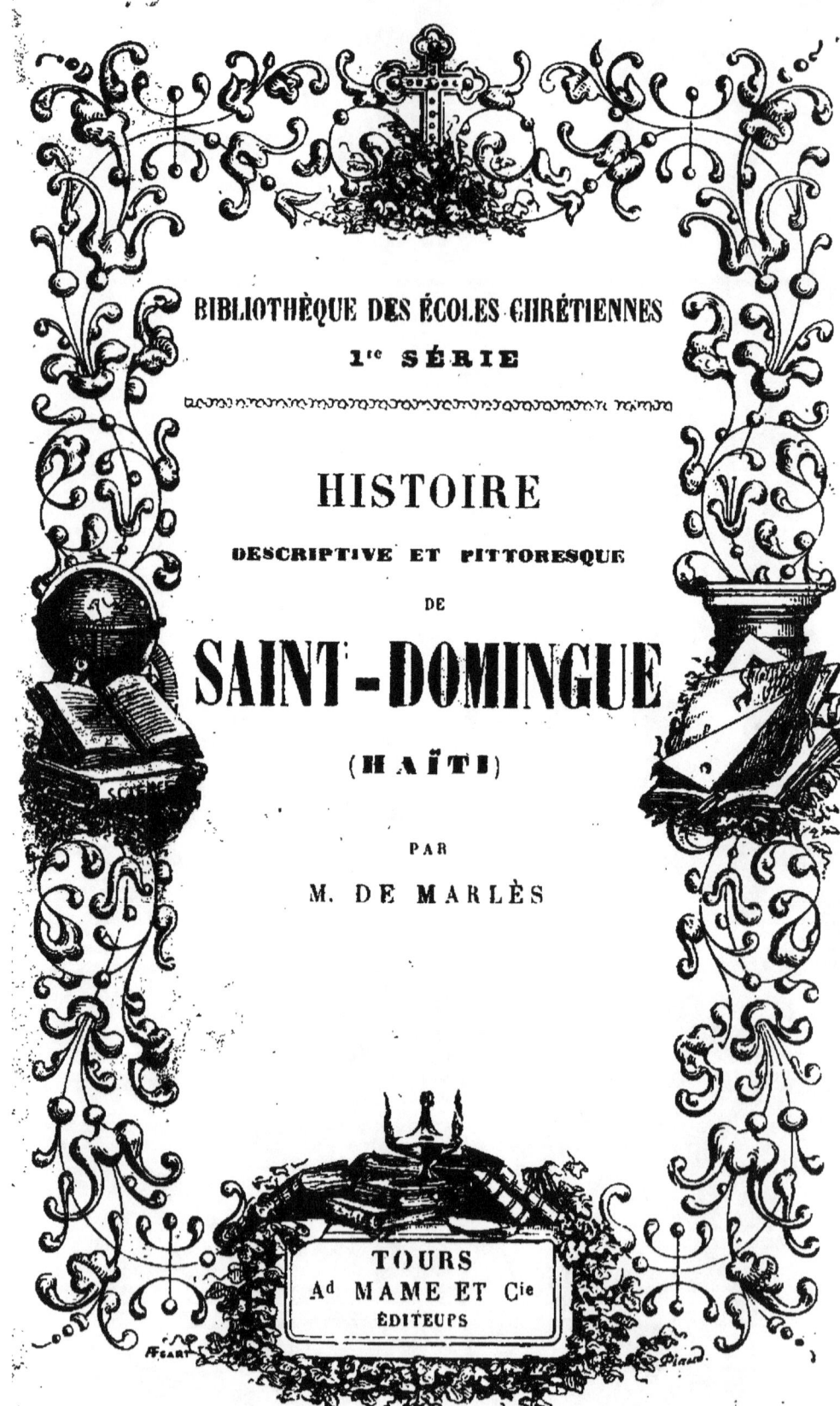

BIBLIOTHÈQUE DES ÉCOLES CHRÉTIENNES
1ʳᵉ SÉRIE

HISTOIRE
DESCRIPTIVE ET PITTORESQUE
DE
SAINT-DOMINGUE
(HAÏTI)

PAR
M. DE MARLÈS

TOURS
Aᵈ MAME ET Cⁱᵉ
ÉDITEURS

BIBLIOTHÈQUE

DES

ÉCOLES CHRÉTIENNES

APPROUVÉE

PAR Mgr L'ÉVÊQUE DE NEVERS

HISTOIRE
Descriptive et Pittoresque
DE
L'ILE SAINT DOMINGUE
PAR
M. DE MARLÈS

Blanc bon pour Djolibah, Djolibah bon pour blanc, vous tuer moi, non tuer lui.

Tours
A.d Mame & C.ie
ÉDITEURS
1862

HISTOIRE
DESCRIPTIVE ET PITTORESQUE
DE
SAINT-DOMINGUE
(Haïti)

PAR M. DE MARLÈS

NOUVELLE ÉDITION

TOURS

A. MAME ET Cie, IMPRIMEURS-LIBRAIRES

1862

HISTOIRE
DE L'ILE
SAINT-DOMINGUE

INTRODUCTION

Timon le Misanthrope (1) disait souvent : « Quand vous traitez avec un individu, eût-il la réputation du plus honnête homme du monde, fût-ce Aristide en personne, tenez-vous en garde contre lui comme si vous traitiez avec un fripon ; souvent même encore vous serez dupe. » Ce propos de Timon n'était produit que par le sentiment aveugle de haine qu'il éprouvait pour les hommes ; malheureusement l'expérience a prouvé plus d'une fois que ce conseil eût été bon à suivre. Pour avoir donné trop légèrement sa confiance, M. Duménil, ancien négociant millionnaire, avait subi des pertes énormes. Plein de candeur et de probité, se sentant incapable de tromper, il ne pouvait pas croire qu'il y a dans le monde des fourbes adroits qui spéculent sur la bonne foi des autres, et qui réussissent. Dépouillé par des faillites

---

(1) Timon, originaire d'un bourg de l'Attique, connu par sa haine, vraie ou affectée, contre l'espèce humaine, vivait dans le Vᵉ et le VIᵉ siècle avant Jésus-Christ, environ cent ans après Aristide, que ses vertus et sa probité avaient fait surnommer *le Juste* par les Athéniens.

plus ou moins frauduleuses, par des emprunts, par des vols, et finalement par l'enlèvement de sa caisse, il ne conserva de son immense fortune qu'une maison de campagne à laquelle se trouvaient attachés plusieurs arpents de terre, à quelques lieues de Paris, sur les bords de la Seine, dans une position à la fois riante et pittoresque.

Après avoir mis ordre à ses affaires, payé tous ses créanciers et recueilli quelques débris, il partit pour sa campagne avec l'intention d'y passer quelques années, dans l'espérance d'améliorer et d'augmenter à force de travail et d'économie cette partie de son patrimoine heureusement sauvée du naufrage. Sa famille l'accompagna ; elle se composait de sa femme, de son fils et de sa fille, Adolphe et Aglaé ; le premier âgé de dix-huit ans, la seconde de seize. Ils avaient reçu l'un et l'autre une éducation brillante, et M. Duménil craignit pendant quelque temps qu'habitués au tumulte et aux distractions de la capitale, ils ne se défendissent pas de l'ennui d'une vie calme et paisible, mais monotone et triste. Cette crainte n'était pas fondée, ou du moins ce que le bon père redoutait pour ses enfants n'arriva pas ; ils avaient reçu d'excellents principes de religion et de morale, ils aimaient le travail, et ils savaient très-bien que, pour qui s'occupe utilement, les heures passent vite.

La famille Duménil n'était pas d'ailleurs tout à fait privée de société. Le notaire du village, qui joignait aux connaissances de son état la vieille probité et la bonhomie des champs; le curé, homme d'une piété solide et d'une érudition peu commune; deux ou trois voisins jouissant d'une réputation intacte et d'une aisance honorablement acquise, se rendaient souvent chez M. Duménil pour y passer la veillée. La conversation n'avait rien de bien piquant, mais elle était instructive. Un de ces visiteurs surtout, le chevalier de Gange, était toujours le bien venu d'Adolphe et de sa sœur. Il avait beaucoup voyagé, beaucoup vu, beaucoup observé, et comme il s'exprimait facilement et avec un choix d'expressions qui annonçait un esprit cultivé, on ne se lassait point de l'écouter. Disons seulement que, connaissant ses avantages, il s'emparait volontiers de la conversation, dont il semblait d'ailleurs qu'on lui abandonnât avec plaisir le monopole. Il était bien loin toutefois de s'ériger en tyran, comme certaines gens qui, parce qu'ils ont quelques connaissances superficielles ou qu'ils savent tourner et polir une phrase, veulent que tout le monde les écoute, et n'écoute qu'eux, tandis qu'eux n'écoutent jamais personne.

« Vous êtes bien aimable, lui dit un soir, en le voyant entrer, Mme Duménil, d'être venu nous voir par le temps qu'il fait. Nous parlions de vous tout à l'heure, mes enfants et moi, et quand nous entendions le vent souffler avec tant de violence, nous disions que nous serions privés aujourd'hui du plaisir de vous posséder.

— Si vous aviez pour moi, répondit le chevalier, moins de bienveillance, vous pourriez en effet trouver quelque mérite à ma visite, car le temps est affreux, et je plains fort les pauvres marins qui en ce moment sont en mer et près de nos côtes; mais l'accueil que vous me faites ici est toujours si engageant, si flatteur, que le plaisir de vous voir est devenu pour moi un besoin que je dois satisfaire, quelque temps qu'il fasse. En sortant de chez moi, j'ai manqué d'être renversé; et sans la carriole du voisin. très-heureusement arrêtée devant sa porte et à laquelle je me suis retenu, le tourbillon, je crois, m'enlevait. Cela m'a rappelé ces coups de vent terribles qui règnent sur la mer des Antilles, et désolent Cuba, Saint-Domingue, la Jamaïque...

— Est-ce que vous connaissez aussi tous ces pays-là? dit en l'interrompant le jeune Duménil; oh! qu'on est heureux d'avoir voyagé!

— Si je les connais! apprenez, mon jeune ami, que j'ai passé à Saint-Domingue plusieurs années, et que j'ai eu plus d'une fois l'occasion d'éprouver ces coups de vent dont je vous parlais tout à l'heure.

— Oh! qu'on est heureux d'avoir voyagé! répéta tout bas Adolphe, de manière pourtant que son père l'entendît.

— Bon! dit M. Duménil en riant, voilà notre ami de Gange qui donne à mon fils le désir de voir Saint-Domingue; et cependant il n'est guère possible aujourd'hui de lui procurer ce plaisir. Les choses ont bien changé de face depuis que le chevalier a quitté ce pays; la révolte des nègres a tout bouleversé, et ce serait peu la peine de traverser les mers pour voir une république noire, comme dit notre ami. Mais j'imagine un terme moyen, et, s'il est adopté, nous serons tous contents. Nous aurons à peu près vu Saint-Domingue sans avoir eu les inconvénients et les dangers du voyage. Que notre ami veuille bien nous faire part de tout ce qu'il a vu ou appris dans cette île pendant le séjour qu'il y a fait, et je suis sûr d'avance, mes chers enfants, que ces récits vous intéresseront.

— Vous plaisantez, mon cher Duménil : est-ce qu'il m'est possible ?... Mais c'est presque une histoire que vous me demandez.

— Et bien, je vous mets en frais de mémoire, voilà tout ; ce n'est pas la mémoire qui vous manque...

— C'est le jugement peut-être : bien obligé, reprit le chevalier, interrompant M. Duménil, qui avait l'air de s'applaudir de sa petite saillie.

— Allons, mon cher ami, répliqua M. Duménil, soyons de bon compte. Vous n'avez pas moins d'envie de nous parler de Saint-Domingue que nous n'en avons, nous tous, de vous entendre.

— Ah! je vous en prie, Monsieur le chevalier, dit Adolphe en lui serrant affectueusement les mains ; vous savez combien ma sœur et moi nous aimons à vous entendre.

— Petit flatteur ! dit le chevalier ; déjà, déjà, voyez-vous ? Allons, soit : je vous dirai l'histoire de Saint-Domingue comme je la sais. A demain donc.

— A demain? reprit Adolphe : pourquoi pas aujourd'hui ?

— Pourquoi pas tout de suite? cela vaudrait mieux, n'est-ce pas?

— Je ne dis pas non.

— Ni moi, dit Aglaé.

— C'est cela; creusez-vous la tête et laissez l'estomac vide pour faire plaisir à mademoiselle et à monsieur son frère.

— Qu'à cela ne tienne, dit M. Duménil; j'ai aujourd'hui par extraordinaire un petit dîner qui, je pense, ne sera pas trop mauvais. Vous allez sans façon le partager.

— J'ai lu dans un savant auteur qu'*un dîner sans façon est une perfidie.*

— C'est égal; vous en courrez la chance. Je vais envoyer chez vous pour qu'on ne vous attende pas. »

Le chevalier fit un geste qui signifiait : Je vous obéis, je me résigne. Et Adolphe, tout joyeux, disait à sa sœur : « N'ai-je pas bien fait de dire *aujourd'hui*, quand on nous renvoyait à *demain*? »

CHAPITRE I

Des Antilles; vents alizés; Saint-Domingue ou Haïti; mœurs, usages des anciens habitants.

« J'étais à peu près de l'âge d'Adolphe, curieux de mon naturel, aimant la variété, d'un caractère facile, d'humeur un peu légère. J'avais lu beaucoup de voyages, et cette lecture attrayante fit naître en moi le désir de voyager pour mon compte. Mon père m'appela un jour dans son cabinet. « Mon enfant, me dit-il, tu n'ignores pas qu'en m'enlevant mes droits seigneuriaux de toute espèce, la révolution m'a complétement ruiné. Heureusement j'avais pu te donner quelque instruction ; elle ne te sera pas inutile, car il n'est pas de situation dans la vie que l'instruction ne puisse adoucir ou améliorer. Depuis quelque temps je t'observais, parce que je cherchais à connaître tes goûts. Tu as celui des voyages; eh bien ! tu partiras : dans trois jours tu vogueras en pleine mer...

— En pleine mer ! m'écriai-je.

— Oui, mon ami, reprit mon père; quand on n'est pas riche on ne voyage guère pour son seul plaisir, il faut diriger ses pas de manière qu'auprès de l'agrément se trouve l'utilité. Le commerce maritime peut offrir l'un et l'autre. »

Le discours de mon père ne me satisfit que médiocrement. J'aimais bien les voyages, mais le commerce ne me plaisait guère ; il fallait pour cela un genre d'études que je n'avais point faites ; et puis je sentais que les embarras, les détails du négoce, ne se concilieraient pas facilement avec mes penchants. Dès mon enfance, comme le plus jeune de trois frères que nous étions, j'étais entré dans l'ordre de Malte, et, moyennant dispense, j'avais été reçu chevalier de minorité, de sorte que je m'étais regardé comme destiné à porter l'épée et la croix de Saint-Jean de Jérusalem. La révolution avait, il est vrai, dérangé mes calculs ; mais j'avais conservé le désir de servir dans la marine. Je m'en ouvris à mon père, qui me répondit qu'il ne prétendait pas forcer mes inclinations, et qu'il allait s'occuper de moi. Trois semaines après cet entretien, j'étais en uniforme de garde-marine ou plutôt d'aspirant (1) sur un vaisseau du roi, qui ne tarda pas à faire voile pour Saint-Domingue. Il transportait au Cap-Français le nouveau gouverneur de la partie française de l'île. C'était un ancien officier d'un mérite distingué, qui me témoigna beaucoup de bienveillance, et me proposa même de m'attacher à lui en qualité d'aide de camp ; mais ce n'était pas là ce qu'il fallait à mon humeur vagabonde ; je voulais courir le monde, voir sans cesse des objets nouveaux ; avec cela un petit levain d'indépendance dans l'esprit : et je voyais le bonheur dans la vie d'un capitaine de vaisseau, roi sur son bord et parcourant tour à tour les cinq parties du monde.

Pour dissiper cette douce illusion, je n'eus besoin que d'une leçon ; la tempête me la donna. Après quelques jours de navigation, nous étions entrés dans la région des vents alizés, et je trouvais, tant la mer était belle et la marche du vaisseau douce et unie, que le voyage sur terre le plus agréable, dans la meilleure voiture, avec les meilleurs chevaux (on ne connaissait pas alors la vapeur, ou du moins on ne l'avait pas encore substituée à nos robustes

---

(1) On appelait autrefois *gardes-marine* les jeunes gens qu'on destinait à devenir marins. Au commencement de la révolution, on leur donna le nom d'*aspirants*. Après le régime impérial, ce nom se changea en celui d'*élèves*.

normands), ne valait point, pour la commodité, cette délicieuse manière de glisser, pour ainsi dire, sur la surface des eaux, grâce aux vents alizés qui enflent doucement vos voiles. »

Ici le chevalier s'arrêta; il s'aperçut que le frère et la sœur chuchotaient en le regardant; il devina sur leurs lèvres une question, et dans leur physionomie embarrassée la timidité qui les empêchait de la faire. « Qu'est-ce donc, mes amis? leur dit-il d'un ton affectueux; qu'avez-vous à me dire? »

Adolphe se hâta de répondre: « C'est ma sœur, qui voudrait savoir ce qu'on entend par des vents alizés.

— Ah! Monsieur, ne l'écoutez pas, dit Aglaé en rougissant. C'est lui qui me priait de vous le demander.

— Je vous fais donc bien peur à l'un et à l'autre, reprit le chevalier en riant. Tenez, mes bons amis, quand je dirai quelque chose que vous n'entendrez pas, ne craignez nullement de me questionner.

« Les vents alizés règnent constamment entre les tropiques sur l'océan Atlantique, sur la mer du Sud, sur l'océan Indien. Dans notre hémisphère ils soufflent d'abord du nord-est, et prennent d'autant plus d'est qu'ils s'approchent davantage des côtes de l'Amérique; dans l'autre hémisphère le vent vient du sud-est, et, comme de notre côté, il prend de l'est à mesure qu'il court à l'occident. Ces vents soufflent avec la plus grande persévérance de l'est à l'ouest, et dans la région qu'ils parcourent on n'éprouve ni fortes tempêtes, ni calmes qui désespèrent; c'est ce qui rend la navigation fort agréable entre les tropiques, lorsqu'on s'abandonne à ces vents, c'est-à-dire lorsqu'on veut suivre la même direction.

Vous voudriez savoir maintenant, sans doute, d'ou vient aux vents alizés cette uniformité constante, tandis que dans nos climats le vent est si variable, que souvent dans un jour il change dix fois de direction; et je vous répondrai qu'on a beaucoup raisonné et déraisonné là-dessus, suivant qu'on tenait pour Copernic ou pour Ptolémée. Maintenant que nous n'avons plus la prétention de nous croire au centre du monde, et que nous voulons bien permettre à la terre, tournant sur elle-même, de tourner encore autour du soleil, au lieu de vouloir que le soleil tourne autour d'elle, on s'accorde assez généralement à regarder ce phénomène comme produit par l'action du soleil sur l'atmosphère, combinée avec le mouvement de rotation de la terre sur son axe. Je voudrais bien pouvoir vous expliquer tout le système du savant Hadley; mais cela nous mènerait trop loin. Qu'il me suffise de vous dire que l'action efficace du soleil entre les tropiques échauffe prodigieusement l'atmosphère, raréfie l'air, le dilate et, le rendant plus léger, le force à monter dans les régions supérieures; que le déplacement de cette masse d'air forme un vide que l'air qui se trouve au delà des tropiques vient remplir, tant du côté du nord que du côté du sud; que la terre, dans son mouvement de l'ouest à l'est, emporte nécessairement avec elle l'atmosphère qui l'environne ; mais que les parties de la masse d'air qui se précipitent vers l'équateur pour remplir le vide que la chaleur du soleil y a formé, arrivant en sens contraire au mouvement de rotation, et se heurtant les uns contre les autres, opposent à ce mouvement qui les entraîne une résistance qui les empêche de tourner aussi vite que la partie correspondante de la terre; ce qui produit un courant d'air qui paraît aller en sens contraire de la terre, c'est-à-dire de l'est à l'ouest.

Ce que je vous dis là n'est pas très-facile à comprendre, mais une expérience bien simple que vous pouvez faire à l'instant vous expliquera mieux que mes paroles la manière dont le phénomène s'opère. Posez vos deux mains l'une sur l'autre, la gauche sur la droite, puis, tenant vos deux bras en avant, faites quelques pas devant vous. Maintenant doutez-vous que vos deux mains suivent la même direction? Non, direz-vous, car nos deux mains doivent suivre nécessairement la même route que notre corps. Eh bien, tout en marchant, faites glisser lentement votre main droite sous la gauche : qu'avez-vous éprouvé? un léger frottement qui du bout des doigts est remonté jusqu'au poignet, tout pareil à la sensation que vous recevriez si, tenant votre main droite immobile, vous promeniez votre main gauche par-dessus. »

Et aussitôt Adolphe et Aglaé répétèrent dix fois l'expérience, jusqu'à ce qu'Adolphe s'écriât : « Oh! je conçois très-bien à présent comment la terre, tournant de l'occident à l'orient, éprouve le frottement en sens contraire de cette partie de l'atmosphère qui ne tourne pas aussi vite qu'elle.

— Je puis donc, dit le chevalier, reprendre mon récit. Nous étions partis de Brest le 3 juin, et nous entrâmes dans la mer des Antilles le 7 juillet. Deux cent quarante à deux cent quatre-vingts kilomètres nous séparaient encore de Saint-Domingue. C'était là que nous attendait l'ouragan avec ses tourbillons, qui soulevaient d'énormes colonnes d'eau, pour les laisser retomber dans l'abîme avec un bruit effrayant; avec ses rapides éclairs, qui se reflétaient sur le dos des vagues émues; avec ses épouvantables coups de tonnerre, qui, sur notre bord, faisaient trembler les plus intrépides; avec ses rafales de vent, de pluie, de grêle, qui tantôt poussaient notre vaisseau comme les feuilles de la plaine fuyant devant l'aquilon, tantôt nous inondaient de torrents d'eau plus redoutables encore que les flots qui nous ballottaient.

Je pourrais bien vous faire ici la description d'une magnifique tempête. Il y a tant de gens qui en remplissent leurs romans, et qui n'ont jamais vu la mer, si ce n'est peut-être dans les marines de Joseph Vernet, que je pourrai bien, moi, qui ai manqué d'y périr, décrire tant bien que mal ce que j'ai vu. Je dis tant bien que mal, car, en vérité, quand on a la mort sous les yeux et qu'elle se présente sous mille formes effroyables, on ne songe guère à considérer en détail le spectacle terrible auquel on assiste, dans la pensée de le décrire un jour. Heureux, mes amis, celui qui, dans ces tristes moments de terreur et d'angoisse, peut élever son âme à Dieu sans remords et avec le repentir sincère de ses fautes ! Pour moi, je confesse que, me croyant dévoué à la mort, j'invoquai du fond de mon cœur la miséricorde divine. Je devais à mon père des sentiments de religion qui ne m'ont jamais abandonné, et qui, je l'espère, m'accompagneront au tombeau, et je sentis dans cette circonstance combien la résignation d'un chrétien aux volontés du Ciel peut lui donner de véritable courage. Je l'éprouvai surtout lorsque le vaisseau, pris par une énorme vague et porté à une grande hauteur, retomba pesamment dans l'abîme qu'avait creusé la vague en s'élevant. Je me crus à mon dernier moment, je fermais les yeux en me recommandant à Dieu. Quand je les rouvris, nous étions sauvés. Notre capitaine était un homme de cœur et de tête. Il avait vigoureusement lutté contre la tempête. Monté sur le pont, il s'était attaché au pied du grand mât, afin de n'être pas emporté par les lames qui de temps à autre passaient sur le vaisseau ; de là, sa voix de stentor, que le bruit du tonnerre ne pouvait couvrir, formulait ses commandements, et les vieux marins, dociles à cette voix qui semblait commander à la tempête, les exécutaient en silence et avec confiance ; car plus d'une fois cette même voix les avait conduits au port. Il en fut de même en cette occasion ; le vaisseau, sauvé par d'habiles manœuvres, arriva sur la côte de Saint-Domingue après soixante-douze heures de tempête.

Nous entrâmes dans la baie de Caracal, l'ancien *Puerto-Real* (Port-Royal) des Espagnols, où Christophe Colomb avait placé sa troisième colonie, à douze kilomètres environ de la ville du Cap. Nous apprîmes, en arrivant, que l'ouragan avait renversé des maisons au Cap dans plusieurs bourgades de la côte, déraciné ou brisé des arbres séculaires, arrêté ou bouleversé le cours des rivières, détruit de fond en comble des habitations, causé en un mot de grands désastres. Je vous ai dit que j'étais d'humeur légère et changeante. Autant j'avais pris avec plaisir l'uniforme de garde-marine, autant je désirais maintenant le quitter; la tempête m'avait brouillé sans retour avec les voyages sur mer et l'habit de marin.

Le nouveau gouverneur voulut être mis à terre aussitôt qu'on eut jeté l'ancre; et, comme je me présentai devant lui pour le saluer avant son départ, il me demanda si je persistais toujours dans mes projets de servir dans la marine. Je lui répondis assez gauchement, car cette question m'embarrassa. Toutefois, m'étant un peu remis, je dis que j'avais fait de sérieuses réflexions; que mon père n'avait cédé qu'à regret au désir que j'avais montré d'entrer dans le service de la marine, et que je me repentais maintenant de n'avoir pas suivi ses conseils. Le gouverneur ne me laissa pas le temps d'en dire davantage, et s'adressant aussitôt au capitaine : « Monsieur, lui dit-il, je vous enlève le chevalier de Gange. J'ai besoin d'un jeune officier pour me l'attacher en qualité d'aide de camp, et je trouverais difficilement, je crois, à Saint-Domingue l'occasion de faire un bon choix. » Le capitaine fit un signe d'assentiment, et, le soir de ce même jour, je me trouvai installé, au Cap-Français, dans l'hôtel du gouverneur.

J'étais tout étonné, je l'avoue, de ce qui m'arrivait, et je ne comprenais pas trop comment j'avais pu m'attirer la bienveillance du gouverneur, ni comment il avait eu le droit, que le capitaine lui-même avait reconnu, de changer ma destinée, et de me transformer de garde-marine en officier de terre; car, en arrivant au Cap, le gouverneur m'annonça, au nom du roi, que j'étais sous-lieutenant. Tout cela me semblait un rêve; mais je le trouvais agréable, et je m'y livrais sans plus de réflexion. Ce ne fut qu'au bout de quelques jours que j'appris du gouverneur qu'il était ancien ami de mon père, et que tout était arrangé d'avance pour que d'une ou d'autre manière je fusse obligé de rester à Saint-Domingue.

Me voilà donc habitant de cette île fameuse que Colomb découvrit dans son premier voyage; et, comme mon emploi d'aide de camp, véritable sinécure, bénéfice sans charges, ne m'occupait que fort peu, j'employai mon temps à m'instruire de tout ce qui concernait le pays et ses habitants anciens et nouveaux. Il y avait dans l'hôtel du gouverneur une bibliothèque qui me fut d'un grand secours; je fis des extraits; je parcourus les lieux que je trouvais décrits dans mes livres, et de cette manière je parvins en peu de temps à connaître tout ce que Saint-Domingue offre d'intéressant. C'est donc le résultat de mes lectures, de mes promenades et des renseignements qui m'ont été donnés, que je vais vous offrir aussi fidèlement que ma mémoire me le permettra.

J'appris d'abord d'Antoine Herrera, écrivain exact et judicieux, que le nom d'Antilles avait été donné à cet archipel, dont Saint-Domingue fait partie, parce que, d'après une vieille tradition populaire, qu'il regarde au surplus comme fabuleuse, on marquait d'ordinaire sur les cartes marines une île située à quatre-vingts myriamètres à l'ouest des Açores, laquelle était désignée sous le nom d'*Antille*, probablement la fameuse Thulé des anciens et des poëtes. Suivant cette tradition, l'île portait encore le nom d'île des Sept-Villes, parce que sept évêques, s'étant embarqués avec beaucoup de chrétiens d'Espagne pour se soustraire à la domination des Arabes, furent poussés par les vents sur les rivages de cette île, où ils abordèrent, et où chacun bâtit une ville. « Il est très-vraisemblable, ajoute Herrera, que les premières terres que découvrit Christophe Colomb reçurent le nom d'Antilles parce qu'on les trouva à peu près placées au point où les anciens géographes supposaient l'ancienne Antille. » D'autres écrivains ont prétendu que le nom d'Antille vient d'un mot grec (ἀντί) ou d'un mot latin (*ante*) qui signifie à l'opposite, devant, avant, soit parce qu'elles sont opposées au continent, soit parce qu'on les rencontre avant d'y arriver.

Saint-Domingue est à peu près au centre de l'archipel ; elle a quatre-vingt-cinq myriamètres de long de l'est à l'ouest, sur une largeur moyenne de quinze. D'après sa situation entre le 18ᵉ et 20ᵉ degré de latitude, on pourrait croire que les chaleurs y sont excessives pendant les six mois que le soleil passe au nord de l'équateur ; mais les vents alizés, qu'on appelle aussi *brise de mer*, rafraîchissent l'atmosphère ; toutefois, comme ils ne se font guère sentir sur les côtes que lorsque le soleil monte sur l'horizon d'environ 40 degrés, ce qui n'a lieu que vers les neuf heures du matin, le commencement de la journée est presque toujours chaud et pesant. Cette brise décroît à mesure que le soleil baisse ; elle tombe après le coucher de cet astre ; ce qui n'a lieu au surplus que sur les côtes, car, en pleine mer, le vent, comme je vous l'ai dit, souffle constamment de l'est.

Ce qui contribue encore à diminuer la chaleur, ce sont les pluies abondantes qui tombent dans la saison que nous appelons été ; mais, tout en produisant quelque fraîcheur, ces pluies engendrent une humidité dont les effets sont très-fâcheux. La viande la plus saine ne se conserve pas vingt-quatre heures, les fruits s'y pourrissent si on les cueille mûrs, et, si on les cueille avant leur maturité, ils n'ont point de saveur et se gâtent de même, bien qu'un peu plus tard. Le pain se moisit en deux à trois jours ; au bout d'un à deux mois, les vins s'aigrissent ; dans une nuit le fer se charge de rouille, et ce n'est qu'avec bien de la peine qu'on peut conserver le riz, le maïs, les fèves, d'une année à l'autre pour les semer.

De même que dans l'Inde, l'île offre deux climats différents : quand la partie du nord est inondée par les pluies, la partie du sud n'en a presque point; c'est que l'île est traversée dans le sens de la longueur par une haute et grande chaîne de montagnes, dont les sommets s'élèvent jusqu'à la hauteur de 2,800 mètres, et que les nuages chargés d'eau qui viennent du nord, arrêtés par ces sommets, sont obligés de se résoudre en pluies. A peine si quelques vapeurs légères, traversant les montagnes, vont répandre quelques gouttes d'eau sur les terres placées au delà du versant méridional; mais, le mois d'avril venu, c'est tout le contraire, et des torrents d'eau y tombent des nuages, poussés par la brise, qui est alors dans toute sa force, tandis que sur la côte septentrionale plusieurs semaines se passent sans pluie; par une sorte de compensation, pourtant, la saison des pluies est toujours suivie de brouillards et de rosées abondantes.

Quant à l'ordre des saisons, les habitants de l'ouest et du sud appellent hiver le temps des orages, depuis avril jusqu'en novembre. Ceux du nord appellent hiver les trois mois de novembre, de décembre et de janvier; mais ni les uns ni les autres n'ont de printemps ou d'automne.

Toutes ces causent réunies rendent le climat très-malsain pour les Européens qui arrivent. Le visage perd sa couleur, l'estomac s'affaiblit, les forces s'épuisent par la transpiration trop active; le sang se corrompt; et, tandis qu'en Europe on recherche les boissons rafraîchissantes quand on souffre de la chaleur, à Saint-Domingue on désire les boissons fortes et spiritueuses. Aussi les Européens n'y vieillissent pas. Mais, pour être juste, il ne faut pas accuser le climat de produire de plus grands maux qu'il n'en cause réellement. Les Européens y ont souvent ruiné leur santé par le peu de soin qu'ils ont pris de la ménager, par l'abus des liqueurs fortes, par les excès en tout genre. On sait que les anciens insulaires vivaient très-longtemps, et encore aujourd'hui les nègres y sont forts et robustes. Les Espagnols, qui habitaient la partie dite espagnole, y jouissaient aussi d'une santé vigoureuse, parce que trois cents ans de séjour les avaient acclimatés.

Une chose que j'ai remarquée bien souvent et qui m'a toujours paru bien extraordinaire, c'est que les plus grands arbres ne poussent leurs racines qu'horizontalement, de sorte qu'au lieu de s'enfoncer profondément dans la terre, on les trouve toujours à la surface du sol; mais en revanche elles sont très-nombreuses et s'étendent à une grande distance autour du tronc. Les racines du figuier ont jusqu'à vingt-trois mètres de long. On dit que, lorsque Colomb rendit compte à la reine Isabelle de cette circonstance, elle lui répondit en hochant la tête : « J'ai bien peur qu'il n'en soit des hommes de ce pays comme des arbres, et qu'ils ne manquent de constance et de solidité. » Ces mots n'étaient dictés que par une raison d'analogie, et au fond ils contenaient une grande vérité : les Américains, en général, présentèrent à leurs vainqueurs une sorte de race dégénérée bien au-dessous de la race européenne.

Pour ne parler que des habitants de Saint-Domingue ou de Haïti (1) (c'est le nom que cette île portait au moment de la découverte), ils étaient de taille médiocre, avaient le teint fort basané, la peau rougeâtre, les traits du visage hideux, les narines ouvertes, les cheveux longs, l'œil hagard, le front extrêmement petit. Il faut vous dire, mes amis, que leur couleur venait du *rocou*, dont ils se frottaient, plus encore que des ardeurs du soleil des tropiques, et que pour ce qui est de la forme aplatie et presque carrée de leur tête, elle venait du soin qu'avaient les mères, aussitôt qu'un enfant était né, de lui serrer le haut de la tête entre deux ais. Il en résultait souvent que les os du crâne, ainsi comprimés, rentraient en quelque sorte en eux-mêmes; ce qui les rendait si durs, que bien souvent il est arrivé aux Espagnols de casser leurs épées en frappant du tranchant sur la tête de ces insulaires.

Ces sauvages ne portaient pas de vêtements ; ils étaient d'une complexion faible et sans vigueur, tristes et nonchalants par tempérament, très-sobres, mangeant fort peu, haïssant le travail, ne s'inquiétant nullement de l'avenir, passant leur vie dans l'inaction. Ils avaient d'ailleurs un naturel fort doux,

---

(1) Haïti, dans le langage des naturels, signifiait terre montagneuse, à cause des grandes chaînes de montagnes qui traversent l'île dans sa longueur.

des goûts simples, s'amusant de bagatelles comme les enfants; ignorants sur tout, ne montrant nul désir de savoir ni d'apprendre.

Ils ne possédaient ni écriture, ni signes qui en tinssent lieu, comme les Mexicains, les Péruviens, les Chinois, les Égyptiens; mais, semblables à nos anciens bardes, ils renfermaient l'histoire de leurs princes dans des espèces de *romances* qui avaient nécessairement un caractère fort monotone; car ces peuples se faisaient rarement la guerre entre eux, et ils étaient trop éloignés des Petites-Antilles pour avoir aucune invasion à craindre. Ces *romances* se chantaient toujours sur le même air; les paroles seules étaient différentes, car on les changeait à la mort du prince régnant; de sorte que ces annales chantées ne s'étendaient jamais bien loin. Aussi n'avaient-ils aucunes notions ni de leurs ancêtres ni de leur origine. Toutes les questions que leur firent les Espagnols n'aboutirent qu'à obtenir une seule réponse, savoir que les premiers hommes sont sortis de leur île. Voici de quelle manière : Les premiers hommes étaient enfermés dans deux cavernes situées au milieu des montagnes; à l'entrée de ces cavernes étaient des gardiens qui, s'étant un jour endormis, laissèrent leurs prisonniers sortir. Le Soleil, irrité, changea les gardiens en pierres, et les hommes en arbres, en plantes, en grenouilles et en toutes sortes d'animaux; quelques-uns pourtant restèrent dans leur forme primitive, et peuplèrent toute la terre. Suivant une autre tradition, le soleil et la lune sont aussi sortis de ces cavernes; les insulaires y allaient en pèlerinage (1).

Les chansons étaient toujours accompagnées de danses. Dans les fêtes publiques, les chants et la danse avient lieu au son du tambour. Ce tambour, que le prince ou cacique seul avait droit de battre, consistait en un tronc d'arbre arrondi en cylindre, percé dans le milieu d'une ouverture carrée. Vous pouvez vous faire aisément une idée du son harmonieux d'un pareil instrument en frappant avec un bâton sur une bûche fendue.

Outre le chant et la danse, ces insulaires avaient un jeu pour lequel ils étaient passionnés. C'était le jeu du *batos*, sorte de balle faite d'une pâte de racines et d'herbes bouillies, laquelle devenait, en séchant, poreuse et légère, ce qui lui permettait de bondir comme nos ballons de crin. Les joueurs, séparés en deux bandes au moyen d'une ligne qu'il n'était pas permis de franchir, se renvoyaient le batos avec la tête, les épaules, les hanches, le coude et surtout le genou ; il leur était défendu de se servir de la main ou du pied, comme c'est l'usage à Paris. Le nombre des joueurs n'était pas limité, mais d'ordinaire ce nombre était égal des deux côtés. Il arri-

(1) On croit que la caverne où l'on se rendait en pèlerinage était celle qu'on voit dans l'ancien quartier *Dondo*, à vingt-quatre à vingt-huit kilomètres du Cap-Français, large et haute d'environ cinquante mètres, ne recevant de jour que par l'entrée, qui a quatre à cinq mètres de haut et autant de large, et par une ouverture qui existe à la voûte, d'ailleurs très-régulière. Il y avait autrefois deux idoles dans cette grotte, le soleil et la lune. On y voit encore beaucoup de génies gravés dans le roc.

vait souvent que deux bourgades voisines se défiaient à ce jeu. La victoire se célébrait par une danse générale, où vainqueurs et vaincus finissaient par s'enivrer de fumée de tabac. Cela n'était pas long; car ces insulaires ne se mettaient à fumer que lorsque la danse les avait épuisés de fatigue. Quand ce moment était venu, on étendait des feuilles de tabac à demi sèches sur des charbons mal allumés; on prenait ensuite un tuyau fourchu par un bout en forme d'F; on plaçait le pied de ce tube sur le tabac, et les deux branches de la fourche dans les narines, de manière que la fumée ne tardait pas à monter au cerveau. Chacun restait ou était laissé à la place où l'ivresse l'avait renversé; il n'y avait d'exception que pour le cacique, que l'on apportait dans sa case.

Ici le chevalier interrompit son récit pour répondre à une question d'Aglaé, qui croyait que c'était seulement en France que l'on faisait usage de *cette méchante drogue* qu'on appelle tabac.

« Vous avez raison, mon enfant, de l'appeler méchante drogue, car cette plante est d'une odeur forte et désagréable, d'une saveur âcre, brûlante, nauséabonde, de propriété irritante, purgative, narcotique, et l'on dit aussi fébrifuge. Eh bien! malgré toutes ces mauvaises qualités, le tabac fut reçu en France avec enthousiasme, quand notre ambassadeur à Lisbonne, M. Nicot, l'eut rapporté de cette ville et offert à la fameuse Catherine de Médicis. Qui aurait pu s'imaginer alors que le tabac, en poudre ou en fumée, deviendrait d'un usage à peu près universel, et qu'il serait presque de bon ton de s'infecter mutuellement de sa puante fumée et de convertir les salons en estaminets ?

Je reviens à la demande que vous m'avez faite. Le tabac croissait naturellement, à l'époque de la découverte, tant dans les grandes Antilles que dans plusieurs contrées de l'Amérique du Sud, notamment dans le Brésil. Les insulaires de Haïti ou Saint-Domingue appelaient cette plante *cohiba*; ils donnaient le nom de tabaco au tube dont ils se servaient pour fumer. C'est du nom de cette espèce de pipe que les Européens ont formé celui de tabac.

Quant aux mœurs des anciens insulaires, s'il faut en croire l'historien Oviédo, qui a passé la plus grande partie de sa vie en Amérique, uniquement occupé à chercher des documents certains pour son *Histoire du Nouveau Monde*, elles étaient fort dissolues. Le mariage était pourtant chez eux un véritable contrat qui obligeait les époux à des devoirs réciproques ; mais la polygamie était permise, et un homme pouvait avoir autant de femmes qu'il en pouvait nourrir. Il était pourtant assez rare qu'un homme eût plus d'une épouse.

C'étaient toujours les femmes qui se chargeaient de rendre aux morts les derniers devoirs. Elles commençaient par envelopper le corps de larges bandes de coton ; elles le descendaient ensuite dans une fosse profonde, où elles avaient soin de placer tout ce que le défunt avait eu de plus précieux ou qu'il avait le plus aimé. Le cadavre n'était pas étendu de son long, mais on le mettait assis sur un banc; on recouvrait ensuite la fosse d'un toit épais de bois et de feuillage, et l'on chargeait ce toit de terre. Cette inhumation était accompagnée de chants et de diverses cérémonies religieuses, dont Oviédo ne donne pas le détail. Il dit seulement qu'avant de descendre les corps des caciques dans la tombe, on les vidait avec soin de toutes les parties molles, et qu'on les desséchait ensuite au feu. Il ajoute que c'était en ce moment qu'on composait le *romance*, qui, outre l'éloge du défunt, marquait tout ce qui était arrivé de plus remarquable sous son règne.

Les funérailles des caciques duraient quinze à vingt jours, et avant que les invités se séparassent on leur distribuait tout ce qui restait des effets du défunt. Quelquefois on obligeait une ou deux de ses femmes à s'enterrer avec lui: quelquefois aussi, mais plus rarement, elles le demandaient comme un droit et un honneur; le plus souvent on les laissait maîtresses de disposer d'elles.

Les insulaires n'étaient pas cultivateurs: on n'a trouvé chez eux aucun instrument d'agriculture; leur seule industrie consistait à mettre le feu aux herbes de leurs prairies; ils remuaient ensuite légèrement le sol avec un bâton afin de mêler la cendre avec la terre, et ils semaient leur maïs. Le feu était encore leur instrument de chasse. Ils l'appliquaient aux quatre coins d'une prairie lorsqu'ils soupçonnaient qu'il y avait du gibier, et dans fort peu de temps ils y trouvaient à demi grillées les pièces de gibier qu'elle renfermait ; toute autre espèce de chasse leur était à peu près interdite, parce qu'ils étaient fort maladroits à tirer de l'arc.

Ils se servaient, pour allumer du feu, de deux morceaux de bois sec, l'un dur et compact, l'autre poreux et léger ; celui-ci, taillé en fuseau, dont le bout était reçu dans un trou pratiqué à l'autre. En faisant tourner rapidement cette espèce de fuseau, comme on fait tourner le moulinet dans le chocolat, on parvenait à produire du feu. C'était aussi avec le feu qu'ils creusaient leurs pirogues. Ils choisissaient un arbre, allumaient du feu autour du tronc et sur les racines pour le faire mourir, puis ils le laissaient sécher sur pied ; quand l'arbre était suffisamment desséché, ils y mettaient le feu pour l'abattre, et ils le creusaient ensuite par le même moyen, enlevant les charbons avec une sorte de hache en pierre fort dure.

Ils ne faisaient pas de l'or le même cas que les Espagnols ; mais ils ne laissaient pas de rechercher avec soin les grains qu'ils trouvaient à la surface du sol, parce qu'ils les aplatissaient pour en faire des pendants pour leurs narines. On prétend même qu'ils regardaient ce métal comme sacré, car ils n'allaient jamais le recueillir qu'après s'y être préparés par des pratiques religieuses.

Le gouvernement de ce peuple était despotique ; le pouvoir des caciques était absolu, mais il était bien rare qu'ils en abusassent. Le droit de régner était héréditaire. Si un cacique mourait sans enfants, son titre passait à ceux de ses sœurs, à leur défaut à ceux de ses frères. Pour que les enfants d'un cacique pussent lui succéder, il fallait que leur mère consentît à s'enterrer avec le défunt. Elle n'y était pas forcée, mais si elle refusait le sacrifice de sa vie, on la regardait comme épouse infidèle ou adultère. Les insulaires avaient très-peu de lois, et comme ils avaient peu de besoins, et que les grands crimes y étaient inconnus, ces lois étaient peu sévères. Le vol passait pour un crime irrémissible, et il était puni de mort. Ils étaient généreux et hospitaliers.

Quand il survenait quelque différend entre deux caciques, ce qui n'arrivait guère qu'au sujet de la pêche, on cherchait à le terminer par transaction afin de ne pas répandre le sang. Ce n'était qu'à la dernière extrémité qu'ils se décidaient à faire la guerre. Leurs armes étaient d'ailleurs fort peu meurtrières; c'étaient des bâtons larges de deux travers de doigt, terminés en pointe par une extrémité, et portant à l'autre une espèce de poignée ou de garde. Ils avaient aussi des javelots d'un bois fort dur, qu'ils lançaient avec beaucoup d'adresse. Ceux de la côte orientale faisaient usage d'arcs et de flèches; mais, comme je l'ai dit, ils n'étaient pas fort habiles tireurs.

Les habitants d'Haïti s'adonnaient à la chasse aux filets et à la pêche; chasseurs et pêcheurs réservaient pour le cacique ce qu'ils prenaient de meilleur. Leur nourriture ordinaire se composait de maïs, de patates et de cassave. Quelques herbes aromatiques leur servaient d'assaisonnement. Leurs forêts produisaient des fruits en abondance; ils y avaient recours quand leurs récoltes étaient mauvaises. Leurs habitations, comme celles de la plupart des sauvages, n'étaient pour l'ordinaire que des cases ou cabanes rondes construites en pieux ou palissades, dont l'intervalle était rempli par des roseaux artistement entrelacés et garnis d'une espèce de bourre ou filasse qui croît sur les arbres.

La religion de ces insulaires ne consistait qu'en quelques pratiques superstitieuses. Leurs idoles étaient de deux sortes : les unes représentaient des animaux malfaisants, tels que crocodiles, serpents, crapauds, etc.; les autres avaient des formes humaines extrêmement hideuses. Ces idoles, qui s'appelaient *Chemis* ou *Zemès*, étaient de pierre, de craie ou de terre cuite. Ils en plaçaient dans tous les coins de leurs habitations, ils en peignaient même l'image sur leurs corps. Ils leur attribuaient des fonctions différentes : les unes présidaient à la chasse, à la pêche, aux récoltes, etc.; les autres réglaient les saisons, les vents, les pluies, etc. : chacune avait un culte particulier.

Ces Zemès rendaient des oracles, mais c'était grâce à l'adresse et à la fourberie de ceux qui possédaient ces idoles privilégiées. Fernand Colomb dit, dans la Vie de son père, que cinq ou six Espagnols, étant entrés un jour dans l'habitation d'un cacique, y virent un Zemès qu'entouraient plusieurs insulaires, et qui faisait beaucoup de bruit, parlant à haute voix et avec des intonations fortes et menaçantes dans la langue du pays, qu'ils n'entendaient pas. Les Espagnols, soupçonnant de la fraude, brisèrent la statue, et aperçurent un long tuyau dont une extrémité assez évasée donnait dans la tête de l'idole, l'autre aboutissait à un coin de la case couvert d'un épais feuillage, où un homme caché soufflait ses paroles dans le tube, faisant dire ainsi au dieu tout ce qu'il voulait, ou plutôt ce qui convenait au cacique. Celui-ci, ajoute Fernand Colomb, conjura les Espagnols de ne rien dire de ce qu'ils avaient vu, et leur avoua qu'il employait ce stratagème pour maintenir ses sujets dans l'obéissance et se faire payer un tribut.

Les ministres du culte ou prêtres des Zemès s'appelaient *bulios;* ils avaient une autre manière de faire entendre l'oracle sans le secours de la parole. Quand un individu voulait consulter le dieu, il communiquait sa demande au bulios, qui la transmettait immédiatement au Zemès; après quoi il avait l'air d'écouter avec beaucoup d'attention et de recueillement. Si, après avoir reçu la réponse du Zemès, réponse que lui seul entendait, il prenait un air satisfait, et qu'il se mît à chanter ou à danser, la réponse était regardée comme très-favorable, et le consultant se remplissait de joie. Si, au contraire, le prêtre prenait l'air triste et soucieux, où s'il venait à répandre des larmes, le consultant s'abandonnait à la douleur; et, pour apaiser le courroux du Zemès, il faisait de nouvelles offrandes. Les bulios jouissaient d'un grand crédit, et le peuple était persuadé qu'ils avaient de fréquents entretiens avec les dieux, apprenant d'eux les choses les plus cachées, lisant dans l'avenir, etc.

Comme chez la plupart des peuples sauvages, les prêtres étaient aussi médecins; mais ce n'était pas toujours sans danger qu'ils exerçaient les fonctions de ce dernier titre; car, si le malade venait à mourir dans leurs mains, on coupait les ongles et les cheveux du défunt, on les mêlait au jus de certaines herbes, et on lui versait ce mélange dans la bouche, en le priant de dire si c'était par la faute du bulios qu'il était mort. Il est évident que le mort ne pouvait pas répondre; on attachait un sens à des signes extérieurs, tels que l'altération plus ou moins prompte du cadavre, le développement de taches livides; et si la prétendue réponse du mort était à la charge du médecin, celui-ci courait grand risque d'être immolé à l'aveugle fureur des parents.

Au reste, on n'en venait à cette extrémité que lorsque le médecin avait été dénoncé, par des confrères jaloux, comme un faux bulios; car dans les cas ordinaires le bulios médecin était toujours respecté, et les insulaires savaient fort bien que tous les hommes sont sujets à la mort, qui tôt ou tard les saisit.

Les insulaires d'Haïti avaient quelque idée de l'immortalité de l'âme et de l'autre vie : ils croyaient à des récompenses dans un paradis que chaque peuplade plaçait dans son canton. Là ils devaient retrouver leurs parents, leurs amis et leurs femmes, et mener avec eux une vie de délices. Quelques-uns de ces insulaires plaçaient ce séjour des âmes vers le lac Tiburon, qu'entourait une vaste plaine toute couverte de *mameys*, espèce d'abricotier dont le fruit est très-bon : c'était de ce fruit que les âmes se nourrissaient dans le paradis. Aussi s'abstenait-on de toucher aux *mameys*, quoique leur fruit fût très-bon, afin de ne pas priver les âmes de leur nourriture. Quant aux peines réservées aux méchants, personne n'en parlait.

L'île entière, à l'arrivée des Espagnols, était divisée en cinq États indépendants, gouvernés chacun par un cacique ou souverain particulier. La vue de ces étrangers ne surprit pas les Haïtiens autant qu'on aurait dû le croire, ce qui venait, dit-on, d'une tradition existante dans l'île : qu'il arriverait dans peu des hommes ayant du poil au menton, qui mettraient les Zemès en pièces et aboliraient leur culte; que ces hommes porteraient à leur ceinture des instruments avec lesquels ils partageraient un homme en deux, et qu'ils dépeupleraient l'île en peu de temps. Cette prédiction avait rempli d'effroi tous les cœurs, et l'on en composa un *romance*, un chant funèbre qu'on chantait à certains jours.

CHAPITRE II

Christophe Colomb. — Découverte de l'île d'Haïti.

On ne peut justement contester à Christophe Colomb la gloire d'avoir découvert toutes les Antilles et la côte voisine de l'Amérique. Ne pouvant la lui ravir, des écrivains envieux ont prétendu la diminuer. Ils ont réuni tout ce qu'ils ont pu trouver dans l'antiquité de notions relatives à l'existence d'un autre monde, ils y ont ajouté tout ce qu'a pu fournir d'indices l'histoire du moyen âge, et ils ont dit : Christophe Colomb avait lu Sénèque, avait lu Platon, avait lu des relations modernes, avait hérité des papiers d'un pilote de ses amis et du secret de ses découvertes, et c'est sur toutes ces données qu'il conçut le projet de son voyage.

Il est vrai que Sénèque le Tragique, dans sa *Médée*, paraît annoncer la découverte future d'un nouveau monde; que Platon, dans son *Timée*, parle d'une île située au delà des colonnes d'Hercule, laquelle était d'une grande étendue et fut submergée par les eaux de la mer à la suite d'un violent tremblement de terre; qu'au delà de cette île, qu'il nomme Atlantide, Platon place un grand nombre d'îles plus petites, et, après cet archipel, un grand continent plus vaste que l'Europe et l'Asie ensemble : qu'enfin il ajoute qu'au delà de ce continent est la *vraie mer*.

Il est encore certain que d'anciens auteurs ont fait mention d'un navire carthaginois qui, vers l'an 400 avant l'ère chrétienne, s'enfonça dans la mer, entre le midi et le couchant, sans avoir d'autre guide que l'étoile du nord, et, après une longue navigation, aborda à une île déserte, abondante en pâturages, coupée de belles rivières, couverte d'arbres magnifiques; que tant d'avantages, joints à la douceur du climat, engagèrent plusieurs matelots à rester dans cette île; que les autres étant retournés à Carthage, le sénat les fit tous mettre à mort, afin d'ensevelir dans un éternel oubli cette découverte.

On dit encore que, lorsqu'on découvrit l'île de Corvo, la plus occidentale des Açores, on y trouva une statue équestre de terre cuite, sur un piédestal de la même matière; que sur le piédestal étaient gravés des caractères qu'il ne fut pas possible de déchiffrer; que le cavalier était vêtu comme les Américains qui n'étaient pas absolument nus, et qu'il montrait du doigt l'occident, comme pour indiquer qu'il y avait des hommes et des terres de ce côté.

Enfin on a prétendu qu'un bâtiment chargé de vins d'Espagne pour l'Angleterre, obligé de céder à la violence des vents, avait été poussé à l'occident ou plutôt au sud-ouest, et qu'il avait pris terre, suivant les uns, à une île, suivant les autres, à la côte de Fernambuco au Brésil; que le pilote, revenu à peu près seul de ce voyage, mourut au bout de quelque temps chez Colomb, son ami, auquel il légua ses papiers contenant le journal de son voyage.

A tout cela on répond qu'il est très-probable que Christophe Colomb, né dans un village et de fort basse extraction, élevé pour le métier de marin, n'a jamais lu ni Platon, ni Sénèque, ni les auteurs qui parlent du navire carthaginois; que la prétendue découverte du cavalier de terre cuite de l'une des Açores ne peut donner qu'un indice trop vague pour devenir le fondement raisonnable d'un voyage de découvertes avec espoir de réussir; que, pour ce qui concerne le pilote biscayen, portugais ou andalous, car on le fait tantôt l'un, tantôt l'autre, outre que Colomb s'est toujours récrié contre ces suppositions, on sait qu'il ne passa jamais l'équateur, chose que d'abord il aurait dû faire s'il avait voulu suivre la route prétendue de ce pilote.

Ce qui put donner à Colomb l'idée qu'un autre monde existait à l'occident, ce fut d'apprendre par les rapports qui se publièrent après la découverte des Açores et des Canaries, qu'après des coups de vents d'ouest, on trouvait souvent sur la côte de ces îles des fragments de bois étrangers, des roseaux d'espèce inconnue et même des cadavres qu'on reconnaissait à beaucoup de signes n'appartenir ni à l'Europe ni à l'Afrique. D'ailleurs Colomb avait lu la relation de Marco-Paulo où il est question du Cathay, qui n'est pas autre chose que la partie septentrionale de la Chine. Il savait assez d'astronomie et de cosmographie pour être convaincu que la terre est ronde, et qu'en poussant toujours à l'occident il finirait par rencontrer les terres de l'Asie, et peut-être l'île abondante en or que Marco-Polo appelle *Cipango*, et qu'on croit être le Japon. Il connaissait parfaitement l'art de prendre la latitude en haute mer au moyen de l'astrolabe, ce que personne avant lui n'avait fait ; et de quelque côté qu'il dirigeât sa course, il ne pouvait jamais lui arriver pire que d'être obligé de retourner sur ses pas.

Je ne vous dirai pas tout ce que Colomb eut à souffrir de peines, de fatigues, de désagréments, à Gênes, à Lisbonne, à Madrid, avant qu'on le mît en état d'entreprendre son voyage. Ce ne fut qu'au bout de six ans, et lorsque, ne comptant plus sur l'Espagne, il allait se rendre en France auprès de Charles VIII, que la reine Isabelle consentit à traiter avec lui aux conditions qu'il avait proposées, et dont la principale était sa nomination à la charge d'amiral et de vice-roi perpétuel de toutes les mers, îles et terres fermes qu'il découvrirait, reversible à ses héritiers. Ce traité fut signé par la reine Isabelle et le roi Ferdinand, dans le camp de Sainte-Foi, après la reddition de la ville de Grenade, dernier asile de la puissance des musulmans en Espagne.

Colomb partit de Palos, petit port de mer de l'Andalousie à quatre-vingts kilomètres de Séville, le 3 août 1492. On lui avait donné trois caravelles, petits bâtiments à voiles latines, portant ensemble cent vingt hommes d'équipage et des vivres pour un an. Pendant quelques jours le courage des Castillans se soutint assez bien. A deux cents myriamètres des Canaries, on avait vu beaucoup d'oiseaux de différentes espèces, ce qui avait fait présumer que la terre n'était pas éloignée. Plus loin la surface des eaux parut couverte d'herbes qui semblaient nouvellement détachées de la terre ou des rochers, et cette circonstance rendit plus vive l'espérance que l'aspect des oiseaux avait d'abord fait naître. Mais bientôt on ne vit plus ni herbes ni oiseaux : l'eau et le ciel de tous les côtés. Alors quelques-uns de ceux qui s'étaient volontairement engagés se mirent à se lamenter et à déplorer leur infortune. Peu à peu le découragement gagna les autres. Les caravelles étaient entrées dans l'aire des vents alizés; elles voguaient rapidement vers l'ouest; mais ces vents qui soufflaient de l'est avec tant de constance ne leur fermeraient-ils pas le retour en Espagne? Les plus mutins ouvrirent l'avis de reprendre le chemin de l'Espagne, après avoir jeté Colomb à la mer.

Colomb ne se dissimula pas toute la grandeur du péril, mais sa prudence ne l'abandonna point; et tantôt par de douces paroles ou par des espérances bien ménagées, tantôt en leur parlant de la gloire et des richesses qui les attendaient, quelquefois en usant à propos de son autorité, il vint à bout de calmer l'effervescence des esprits; cependant quelques jours après les murmures recommencèrent : ils devinrent même si violents, qu'il fut obligé de proposer une transaction qui fut acceptée. « Si d'ici à trois jours, dit-il à son équipage, la terre ne se montre point, je me mettrai à votre disposition. » On lui répondit qu'on voulait bien encore lui donner les trois jours qu'il demandait; mais que, ce terme expiré, on virerait de bord.

Colomb n'avait demandé un terme si court que parce qu'il avait remarqué depuis quelque temps des indices de terre. Déjà il trouvait fond avec la sonde, et la nature du sable ou de la vase qu'il ramenait lui donnait de grandes probabilités du voisinage de la terre. Dès le second jour, les indices devinrent plus significatifs : c'étaient des morceaux de bois façonné, des roseaux fraîchement coupés; on vit un arbuste épineux avec son fruit; le matin, d'ailleurs, on sentait plus de fraîcheur, et pendant la nuit les vents changeaient souvent. Le soir de ce même jour (c'était le 11 octobre), après la prière, Colomb avertit l'équipage que cette nuit même il comptait voir la terre; en conséquence il donna l'ordre qu'à minuit les voiles fussent carguées, et indiqua des signaux pour que les bâtiments se retrouvassent s'ils venaient à être séparés par un coup de vent. Sur les dix heures du soir, Colomb aperçut à l'horizon de la lumière; il le fit remarquer à deux de ses gens, et peu de temps après, la nuit étant fort claire, il leur fit voir la terre. Au point du jour, la terre parut visiblement aux yeux de tout l'équipage, qui aussitôt entonna le *Te Deum*.

Après cet acte religieux, tous allèrent se jeter aux genoux de Colomb pour lui demander pardon des chagrins qu'on lui avait causés; en même temps on le salua des noms d'amiral et de vice-roi; et, passant tout d'un coup de la haine brutale à un sentiment passioné d'admiration, cet étranger, cet aventurier ambitieux, que, deux à trois jours avant, ils traitaient avec le plus grand mépris, ils le regardaient maintenant comme un homme presque divin; on ne trouvait pas de termes assez forts pour exprimer la haute opinion qu'on avait de son génie, de sa sagesse et de son courage.

La première terre vue par Colomb était une île d'environ soixante kilomètres de long, que ses habitants appelaient *Guanahani*. Le rivage était couvert de sauvages qui montraient la plus grande surprise. *La Capitane* (1) s'étant avancée jusqu'à terre, Colomb descendit le premier, l'épée d'une main, l'étendard de Castille de l'autre. Les commandants des autres caravelles le suivirent de près, de même que leurs équipages, et tous ensemble allèrent, comme avaient fait les hommes de *la Capitane*, prêter serment de fidélité à leur amiral et vice-roi. La prise de possession eut lieu ensuite au nom de la couronne de Castille, avec les formalités requises, en présence du notaire royal, Rodrigue Exovedo. Ensuite on planta une croix sur le rivage, et après l'avoir adorée avec les plus grands sentiments de religion, on y grava les armes de Castille.

Tout cela se passait sous les yeux des sauvages, qui regardaient d'un air étonné, mais tranquille. Ce ne fut qu'au moment où ils virent le notaire écrire, que, saisis d'une frayeur subite dont on ne devinait

---

(1) Nom que portait la caravelle montée par Colomb.

pas la cause, ils prirent la fuite de tous les côtés. Les Espagnols coururent après eux, et en atteignirent quelques-uns, auxquels ils firent des caresses et des présents. Cette conduite rassura tous les autres, qui revinrent en foule et se rendirent assez familiers. On leur fit plusieurs questions par signes, cette langue universelle que tous les hommes entendent; mais tout ce qu'on put apprendre d'eux, c'était que leur île s'appelait *Guanahani* et faisait partie du groupe connu sous le nom de *Lucayos*, nom donné aujourd'hui à toutes les îles qui sont au nord et à l'ouest des grandes Antilles, jusqu'au canal de Bahama. En venant à bord des trois navires, les naturels apportèrent des perroquets et du coton; on leur donna en échange de petites sonnettes qu'on leur attacha au cou et aux jambes, et d'autres bagatelles qui les transportaient de joie, de sorte qu'en peu d'instants les navires se trouvèrent remplis de coton et de perroquets qui faisaient un vacarme horrible.

Ce qui fit le plus de plaisir aux Espagnols, ce fut de voir que tous ces sauvages portaient de petites plaques d'or suspendues à leurs narines; ils donnèrent à entendre qu'ils les tiraient d'un pays situé au sud, ce qui engagea Colomb à chercher ce fortuné pays. Après avoir passé devant plusieurs petites îles où il ne s'arrêta pas, où il ne fit du moins que très-peu de séjour, il arriva à une grande terre que les habitants des autres îles qui avaient voulu le suivre désignaient par le nom de *Cuba*. Comme son bâtiment avait besoin d'être radoubé, il entra dans un port qui lui parut commode (1). Il profita du séjour qu'il dut y faire pour envoyer à la découverte, ignorant encore s'il était dans une île ou sur un continent.

Il chargea de cette exploration deux hommes très-intelligents, qui, s'étant avancés dans l'intérieur des terres l'espace d'environ quatre-vingts kilomètres, ne crurent pas devoir aller plus loin. Ils rapportèrent à Colomb qu'ils avaient trouvé sur leur route beaucoup de villages, et que partout les habitants les avaient reçus comme des hommes descendus du ciel; qu'ils leur avaient donné à manger des racines qui, cuites sous la cendre, avaient le goût de marrons (c'étaient des patates); que le pays était fort beau, mais qu'ils n'y avaient rien vu de bien particulier; qu'ayant cherché à savoir si leur pays produisait de l'or, les habitants avaient désigné un certain canton, sans en indiquer la position précise; mais qu'ils leur avaient fait entendre qu'il s'en trouvait beaucoup dans un pays qu'ils montraient à l'orient, et qu'ils nommaient Bohio (2).

Plusieurs habitants de Cuba, séduits par les présents que leur avaient faits les deux Espagnols, les suivirent jusqu'à leurs bâtiments, qui ne leur causèrent pas moins d'étonnement et d'admiration qu'à ceux de Guanahani. Il assurèrent l'amiral qu'il trouverait beaucoup d'or dans cette région, où ils offri-

---

(1) Celui de Baracoa, vers la pointe orientale de l'île.
(2) Ce nom n'est pas celui d'un pays; il servait à désigner une terre où se trouvaient beaucoup de villages.

rent même de l'accompagner, ce qu'il accepta d'autant plus volontiers qu'il avait le dessein de faire apprendre le castillan à quelques-uns de ces insulaires afin qu'ils pussent lui servir plus tard d'interprètes.

Le mauvais temps contraria l'amiral à sa sortie de Baracoa ; il fut obligé de chercher un abri dans un port voisin qu'il appela Sainte-Catherine, parce que c'était ce jour-là la fête de cette sainte (25 novembre). Depuis quatre jours une de ses caravelles, très-bonne voilière, s'était séparée de lui. Son commandant voulut profiter de cet avantage pour arriver le premier à cette terre qu'on leur avait dépeinte comme si riche en or. Cependant Colomb trouva au port de Sainte-Catherine plusieurs habitants de la terre dont on lui avait parlé sous le nom de Bohio, mais que ces insulaires déclarèrent s'appeler Haïti. Ils dirent que leur pays abondait en or, qu'on le trouvait surtout en grande quantité dans un canton nommé *Cibao*. Ce nom réveilla les premières idées que l'amiral avait conçues d'après la relation de Marco-Polo, et il se crut arrivé au *Cipango* de ce voyageur célèbre. Il se prépara donc à partir, et il prit sur son bord ces mêmes insulaires d'Haïti, qui lui promirent de le conduire à Cibao.

De la pointe orientale de Cuba à l'île d'Haïti, il n'y a que soixante-douze à quatre-vingts kilomètres. L'amiral franchit cet intervalle du 5 au 6 décembre. Il prit terre près d'un cap qui forme la pointe occidentale de la côte nord d'Haïti. Le port où il entra reçut de lui le nom de Saint-Nicolas, en l'honneur du saint que l'Église fête ce jour-là.

CHAPITRE III

*Colomb prend possession de l'île d'Haïti, à laquelle il donne le nom d'*Ile Espagnole*. — Son départ pour l'Espagne.*

L'amiral voulait d'abord passer quelques jours au port Saint-Nicolas pour y laisser reposer ses équipages ; mais il était inquiet d'une part sur le sort de la caravelle égarée, et d'autre part ses guides lui dirent que, pour aller à Cibao, il fallait pousser beaucoup plus à l'est. Il suivit cette indication, passa devant une île qu'il appela *la Tortue,* parce qu'elle lui parut avoir la forme d'une carapace de tortue, et fut contraint par le mauvais temps d'entrer dans un port qu'il nomma *la Conception,* et que les Français ont appelé plus tard *Port de l'Écu.* De là il envoya six hommes reconnaître l'intérieur du pays. Ces hommes, à leur retour, rapportèrent qu'il n'était pas possible de voir un plus beau pays. Un oiseau qu'il entendit chanter lui rappela le ramage du rossignol ; les poissons que ces pêcheurs prirent lui parurent semblables à ceux que fournissent les côtes d'Espagne ; il comptait d'ailleurs y trouver des mines d'or ; ce fut sur ces divers motifs qu'il donna le nom d'*Ile Espagnole* à cette terre si désirée.

Les insulaires témoignèrent d'abord peu de confiance à ces étrangers si différents d'eux, et ce ne fut qu'au bout de plusieurs jours qu'on put prendre quelques-uns d'entre eux. Le traitement qu'on leur fit, les présents dont on les chargea, les habits dont on couvrit une de leurs femmes, qui, moins agile que ses compagnes, n'avait pu fuir avec elles, les firent passer à l'excès contraire. Le lendemain un nombre infini d'insulaires se rendirent au port, ils portaient sur leurs épaules la femme qu'on avait habillée; ce peuple parut à Colomb un peu plus blanc que les autres insulaires; mais les individus étaient plus petits, moins robustes, plus doux, tout aussi laids. On lui confirma tout ce qu'on lui avait dit de Cibao.

Dès que la mer fut navigable, l'amiral fit voile vers l'est. En traversant le canal qui sépare la Tortue de l'Espagnola, il aperçut un port où il entra, et qu'il appela *Valparaiso*, tant le lieu lui parut délicieux. Les Français l'ont appelé *Port de Paix*. Deux à trois jours après, il mouilla dans un port qu'il nomma *Saint-Thomas*, et que les Français ont appelé *Baie de l'Acul*. Les Espagnols y furent reçus comme des êtres surnaturels. Le cacique de Marien, qui demeurait près d'un port connu plus tard sous le nom de *Port du Cap-Français*, ayant entendu parler de ces étrangers dont on racontait des merveilles, envoya une députation à leur chef pour le prier de se rendre auprès de lui. Il lui fit offrir en même temps une ceinture bordée d'os de poisson travaillés en guise de perles, et d'un masque recouvert de lames d'un or très-pur. Colomb répondit aux députés qu'il irait incessamment voir leur maître. Il était en ce moment indisposé, de sorte qu'il se retira dans sa chambre pour se reposer, après avoir bien recommandé à son pilote de ne pas quitter le gouvernail; mais le pilote, croyant n'avoir aucun danger à courir, se fit remplacer par un marin sans expérience; négligence fatale qui causa la perte de la caravelle : elle échoua sur un banc de sable. Colomb se réveilla en sursaut, et fit tous ses efforts pour dégager son navire; mais le mal était irréparable; et il ne fut pas possible de le remettre à flot : il s'entr'ouvrit, et ce ne fut pas sans peine qu'on parvint à sauver l'équipage et la meilleure partie de la cargaison. Le cacique, informé de cet accident, envoya du secours aux Espagnols, et il se rendit lui-même auprès d'eux avec ses frères.

La caravelle qui faisait route avec le capitaine recueillit tout ce qu'on put sauver du naufrage. Le cacique fit presser de nouveau l'amiral de l'aller voir, ce que celui-ci promit de faire dès qu'il aurait réparé le malheur qu'il venait d'éprouver; et, comme le cacique trouvait le temps long, cédant à son impatience, il se rendit lui-même auprès de l'amiral, auquel il offrit ses services. Il lui donna même une grande quantité d'or, s'engageant à lui en faire apporter de Cibao autant qu'il en voudrait. Les sujets du cacique, à l'exemple de leur souverain, fournirent de l'or aux Castillans en échange d'objets sans valeur, tels que des fragments de poterie, de verre, de faïence. Encore ces insulaires étaient-ils si contents de leur marché, qu'aussitôt que l'échange avait eu lieu, ils s'enfuyaient à toutes jambes de peur que les Espagnols ne se ravisassent.

Ce fut alors que Colomb, voulant consolider sa prise de possession de l'Ile Espagnole, résolut de bâtir une forteresse dans les États de ce cacique, auquel il fit quantité de présents qui, sans avoir une grande valeur, parurent infiniment précieux à ce prince; et non-seulement il obtint de lui la faculté de bâtir une forteresse, mais encore il causa au cacique la plus vive joie, en lui annonçant qu'il laisserait dans cet établissement, qui prit le nom de Puerto-Réal (entre la baie de l'Acul et le Cap-Français), une partie de ses gens, tandis qu'il irait lui-même en Espagne chercher des marchandises.

Colomb, en effet, ne tarda pas à partir pour l'Europe. Ce qui le détermina, dit-on, à un départ aussi précipité, ce fut d'avoir appris par quelques insulaires qu'on avait vu rôder sur la côte de l'est un navire semblable. Il ne douta point que ce ne fût la caravelle qui s'était séparée de lui; il envoya aussitôt sa chaloupe à la recherche de *la Pinta* (c'était le nom de cette caravelle), et, comme on ne put la trouver, il pensa que son lieutenant infidèle était parti pour l'Espagne afin d'y porter la première nouvelle de la découverte de ce nouveau monde et de s'en attribuer la gloire. Quant au naufrage de *la Capitane*, on prétendait qu'il avait été concerté avec son pilote, afin d'avoir un prétexte plausible pour laisser dans l'île une partie de ses gens.

Avant de s'éloigner, il exhorta les Espagnols qu'il laissait dans l'île à se conduire de manière à conserver la bonne intelligence entre eux et les naturels; il leur recommanda de rester toujours unis, leur laissa des vivres, des munitions, et tout ce qui lui restait de marchandises ; reçut du cacique un riche présent en or et en cassave, et prit à son bord, à la prière de ce prince, plusieurs insulaires parmi lesquels se trouvait un parent de ce dernier.

L'amiral sortit de Puerto-Real le 4 janvier 1493, et il prit d'abord la route de l'est, afin de reconnaître toute la côte septentrionale et méridionale de l'île. Quand il passa devant l'embouchure de la rivière *Yaqué*, qu'on lui dit venir des montagnes de Cibao, et qu'il eut reconnu que le sable sur lequel coulent ses eaux renfermait des paillettes d'or, il ne douta plus que l'île d'Haïti ne fût réellement la *Cipango* du voyageur vénitien. On croit même qu'il n'est jamais bien revenu de cette opinion.

Deux jours après son départ, l'amiral découvrit la caravelle qu'il avait crue perdue. Les deux bâtiments ne tardèrent pas à se rejoindre. Le capitaine s'excusa d'avoir quitté l'amiral sur le mauvais temps qui l'y avait contraint. La fausseté de cette allégation était évidente ; mais Colomb était trop satisfait de se trouver délivré de ses inquiétudes au sujet de ce bâtiment, pour ne pas accueillir les excuses du capitaine ; il se contenta de lui demander ce qu'il avait fait depuis leur séparation. Le capitaine répondit qu'il avait parcouru la côte de l'est, et que partout où il s'était arrêté il avait échangé toutes ses marchandises contre de l'or; qu'il avait retenu pour lui la moitié de cet or, et partagé le reste entre les hommes de l'équipage. Il paraît, au reste, que le capitaine fut obligé par l'équipage à rejoindre l'amiral; l'inégalité du partage, où il gardait pour lui la moitié du profit des échanges, avait excité des murmures; il craignit que ses gens ne se portassent à des violences, et il fit entendre qu'on s'en rapporterait là-dessus à ce que dirait l'amiral. Celui-ci crut à propos d'ajourner cette discussion, et l'on continua pendant trois cent vingt kilomètres à explorer la côte septentrionale jusqu'à son extrémité orientale. Là, les caravelles tournèrent au sud, et après une courte traversée elles se trouvèrent dans une vaste baie que les naturels désignèrent sous le nom de *Samana*, nom qu'elle porte encore. L'amiral la fit visiter par sa chaloupe. Les Espagnols, bien accueillis partout, ramenèrent quelques naturels qui parurent désirer voir de près les deux caravelles qu'ils apercevaient de loin. Questionnés par Colomb au sujet des habitants des îles de l'est, dont le cacique de Marien lui avait parlé comme d'anthropophages, ils lui dirent que, outre leur île et ces mangeurs d'hommes, il y avait encore une autre terre qu'ils nommèrent *Boriquen* (c'est l'île de Porto-Rico); que dans cette contrée il y avait de l'or, mais moins beau que celui de Cibao. Le cacique de Samana vint ensuite à bord, et il fut si bien reçu par Colomb, que plusieurs de ses sujets témoignèrent le désir d'aller voir le pays de ces étrangers. Colomb reçut tous ceux qui voulurent s'embarquer.

Le 16 janvier les deux caravelles passèrent à la vue de Boriquen, et l'on découvrit même quelques-unes des Petites-Antilles. Après une heureuse navigation de plusieurs jours survint une longue tempête, dont je ne vous parle qu'à cause de la précaution que prit l'amiral, croyant le naufrage inévitable, pour que le souvenir de ses découvertes ne pérît pas avec lui. Il écrivit en quelques lignes les principaux événements de son voyage, et il renferma cet écrit dans un baril bien hermétiquement fermé qu'il jeta à la mer. Ce baril, dont on n'a jamais entendu parler, dut être porté par les courants à quelque plage déserte, ou jeté sur des écueils. Toutefois la tempête s'apaisa, et la caravelle de Colomb aborda sans accident à l'île de Sainte-Marie, une des Açores, appartenant aux Portugais. Le gouverneur de cette île, de même que tous ceux des possessions Portugaises, avait l'ordre secret d'arrêter Colomb, s'il revenait de son expédition; il envoya aussitôt complimenter Colomb, le faisant en même temps inviter à descendre à terre. L'amiral se méfia de cette offre; il n'envoya à terre que quelques-uns de ses gens, qui furent arrêtés. Colomb menaça de canonner la ville, ce qui obligea le gouverneur à lui renvoyer ses Espagnols.

Dès le commencement de la tempête, *la Pinta*, séparée par les vents de *la Capitane*, n'avait plus reparu; on la crut perdue. On apprit, quelque temps après, qu'elle avait été forcée de relâcher à Bayonne, d'où elle gagna un port de la Galice. Quant à l'amiral, une seconde tempête l'ayant jeté sur la côte du Portugal, il fit demander au roi Jean la permission de mouiller dans le port de Lisbonne, ce qu'il obtint. Le lendemain de son arrivée, 7 mars, le roi lui écrivit de sa main pour l'engager à se rendre auprès de lui; et comme on avait déjà voulu le contraindre à faire des déclarations devant le commandant du port, à quoi il se refusa en sa qualité d'amiral et de vice-roi, le roi lui donna sa parole royale qu'il ne lui serait fait aucune violence.

Colomb reçut l'accueil le plus gracieux; on se repentit alors d'avoir rejeté ses offres; quelques seigneurs en conçurent même tant de dépit, qu'ils proposèrent au roi de l'assassiner et de s'emparer de ses papiers; mais le prince repoussa cette infâme proposition avec une indignation généreuse, et, de peur qu'il ne lui arrivât quelque fâcheux accident, il lui donna des gardes et une escorte.

Le 13, la mer étant plus calme et le vent favorable, Colomb appareilla; le surlendemain il entra dans le port de Palos, d'où il était parti sept mois et demi auparavant. Son arrivée fut annoncée par le son des cloches, on chanta le *Te Deum* en action de grâces, et la surprise fut telle dans les premiers moments, qu'on croyait à peine à la possibilité d'une expédition dont on voyait les résultats passer toute espérance. Le roi et la reine étaient alors à Barcelone ; Colomb se hâta de leur écrire pour leur annoncer son retour, et il en reçut la réponse la plus flateuse avec cette suscription : *A don Christophe Colomb, notre amiral sur la mer océane, vice-roi et gouverneur des îles découvertes dans les Indes.*

Vous me demanderez pourquoi on donna d'abord à ces terres nouvelles le nom d'Indes. C'est que Colomb était fortement persuadé, et il l'avait fait aussi croire aux Espagnols, que les îles d'où il venait formaient l'extrémité orientale des Indes, de ces mêmes contrées jadis visitées par Alexandre, et dont les Portugais, se frayant un passage à travers l'Océan, avaient conquis la côte occidentale. Il croyait fermement que ces îles n'étaient pas éloignées du Gange, et que l'Ile Espagnole ou Haïti était la Cipango de Marco-Polo.

On conçoit à peine comment Colomb, qui avait des connaissances assez étendues, qui n'ignorait pas que la ligne équinoxiale est divisée en 360 degrés de cent kilomètres environ chacun, ce qui donne à la terre, sous l'équateur, une circonférence de quatre mille cinq cents myriamètres, pouvait s'imaginer qu'à 18 ou 20 degrés seulement de la ligne il serait arrivé à la côte orientale de l'Inde, après une navigation de quarante-huit jours, entreprise à l'aventure, exécutée en tâtonnant, et franchi l'intervalle immense qui sépare l'Europe de l'Asie en partant des côtes d'Espagne, intervalle dans lequel se trouvent compris l'océan Atlantique, le continent américain et le grand Océan. Cette fausse opinion de

Colomb nous prouve que les plus grands génies paient, comme le vulgaire, leur tribut à la nature humaine, et qu'ils ont quelque côté faible qui laisse voir l'homme auprès du héros ou du sage.

Le voyage de Colomb jusqu'à Barcelone fut un véritable triomphe, et le jour de son entrée dans cette ville fut sans doute le plus glorieux de sa vie. Il fut conduit à l'audience du roi et de la reine, accompagné, précédé et suivi d'un cortége immense. Leurs Altesses (le titre de Majesté ne se donnait pas encore aux rois d'Espagne) l'attendaient en dehors du palais, sous un dais magnifique, et revêtues de leurs habits royaux : tout ce qui peut flatter la vanité d'un homme, tout ce qui peut combler ses désirs, fut prodigué à Colomb par le roi et la reine. Les grands, à l'exemple des souverains, l'entourèrent de marques d'honneur et de considération.

Le roi et la reine donnèrent avis au souverain pontife de la découverte du *Nouveau Monde*, pour le prier de leur en accorder le domaine; mais ce n'était là qu'une cérémonie de bienséance, car des théologiens et des prélats avaient décidé que la concession du pape n'était nullement nécessaire. Ce pape était le fameux Alexandre VI, originaire de la ville de Valence, et par conséquent sujet de la couronne d'Aragon; et ce pape, flatté de la marque de déférence qui lui était donnée, accorda tout ce qu'on voulut. Il tira d'un pôle à l'autre une ligne imaginaire passant par les Açores, et donna aux Espagnols toutes les terres découvertes à l'ouest de cette ligne, aux Portugais tout ce qui serait en deçà de la ligne. Les deux cours de Madrid et de Lisbonne donnèrent plus tard à cette ligne une autre direction. Au fond, ni les Portugais ni les Espagnols ne s'en tinrent à la décision pontificale, malgré l'amendement dont ils étaient convenus.

L'amiral obtint, avant son départ pour son second voyage, des lettres patentes plus amples encore que les premières; les insulaires qu'il avait amenés, au nombre de sept (1), furent baptisés avec beaucoup de pompe. Le parent du cacique eut le roi pour parrain. Il retourna dans son pays, où il raconta des merveilles de ce qu'il avait vu. Un autre, qui eut pour parrain le prince d'Espagne, resta auprès de celui-ci, et mourut au bout de deux ans. Les autres accompagnèrent le parent du cacique. Une flotte de dix-sept navires bien pourvus d'artillerie, de munitions, de marchandises pour la traite, d'instruments pour l'exploitation des mines, de froment, de riz, de graines de légumes, était déjà réunie à Séville lorsque Colomb y arriva. Outre les matelots, les gens de l'équipage, les canonniers, les ouvriers ou artisans de tout genre, plus de quinze cents volontaires, parmi lesquels il se trouvait beaucoup de nobles qui comptaient sur la fortune pour relever leurs blasons, voulurent être du voyage. Le nombre en aurait été même plus grand si la flotte eût été plus considérable.

La flotte sortit, le 25 septembre, de la baie de

---

(1) Il en avait amené dix; mais un était mort en route, deux étaient restés malades à Palos.

Cadix, et le 5 octobre elle entra au port de la Gomera, une des Canaries. L'amiral y acheta des veaux, des chèvres, des moutons, des porcs, des volailles, pour les faire multiplier dans l'Ile Espagnole. Avant d'appareiller, il donna à tous les capitaines de ses bâtiments une instruction écrite, mais cachetée, pour le cas où un accident quelconque viendrait à les séparer de la flotte. Il mit à la voile le 7, en tirant plus au sud qu'il n'avait fait à son premier voyage; et le 3 novembre suivant, après une navigation très-heureuse, tous les vaisseaux se trouvèrent en vue d'une île qu'on appela Dominique, parce que ce jour-là se trouvait un dimanche.

En passant devant une autre île que l'amiral nomma *Guadeloupe*, en mémoire d'un monastère célèbre de ce nom qu'il y a en Espagne, on vit sur le rivage plusieurs naturels des deux sexes qui tendaient vers les vaisseaux des mains suppliantes. Ils étaient de l'île Boriquen, d'où ils avaient été enlevés par les Caraïbes; ils firent voir aux Espagnols les restes de leurs compagnons que ces cannibales avaient dévorés. Le même sort leur était réservé; les Espagnols les reçurent à bord, et les déposèrent dans leur île, que Colomb appela d'abord *Saint-Jean-Baptiste*, nom qu'on remplaça plus tard par celui de *Puerto-Rico*, dont les Français ont fait *Portoric.* »

Le chevalier de Gange allait continuer son récit, lorsque Adolphe le pria de lui permettre une question. « Je vous écoute, lui dit le chevalier.

— Comment les habitants de la Guadeloupe et des autres petites Antilles étaient-ils anthropophages, tandis que ceux de Portoric, d'Haïti, de Cuba, sont d'un naturel si doux et si timide?

— C'est là, reprit le chevalier, une question que beaucoup d'autres ont faite avant vous, et à laquelle personne encore n'a répondu. Il est certain que tous les Caraïbes, habitants des petites Antilles et de la côte voisine du continent, étaient mangeurs de chair humaine; il est certain encore que les habitants de la Floride au nord d'Haïti et de Cuba l'étaient aussi; et comme tout doit porter à croire que le continent s'est peuplé avant les îles, qui, du reste, ont fait peut-être autrefois partie du continent, et en auront été détachées par quelque grand cataclysme, quelque épouvantable tremblement de terre, on peut assez raisonnablement présumer que les grandes Antilles ont été peuplées ou par les Caraïbes du sud ou par les Floridiens du nord, et cependant leurs habitants ont toujours eu horreur de l'anthropophagie.

— Je le crois bien, s'écria vivement Aglaé : j'aimerais mieux, moi, mourir de faim que de manger de la chair humaine. Manger d'un homme! Quelle abomination!

— Oui, sans doute, c'est une abomination. Mais vous ne savez pas ce que c'est que la rage de la faim. Si vous aviez lu l'histoire des naufrages et des voyages sur mer, vous auriez vu vingt exemples de malheureux cherchant à prolonger leur vie aux dépens de celle de quelqu'un d'entre eux. Il est probable que les Caraïbes, et généralement tous les anthropophages, ont été conduits par la faim à cette horrible coutume; et une fois faits à ce détestable aliment, ils sont allés à la chasse des hommes, comme nous allons à la poursuite du gibier. Les habitants d'Haïti, de Cuba, placés sur un sol fécond qui produisait abondamment et presque sans culture tout ce qui était nécessaire à la vie, ont dû naturellement s'abstenir de ce que leurs voisins recherchaient, je veux dire de chair humaine. »

CHAPITRE IV

Retour de Colomb à l'île Espagnole; il visite les mines de Cibao, se fait des ennemis, repart pour l'Espagne. — Fondation de *Santo-Domingo* par Barthélemy Colomb, frère de l'amiral.

« La flotte entra dans la baie de Samana le 22 novembre, et cinq jours après elle mouilla devant le Puerto-Réal, un peu au-dessous du lieu où Colomb avait bâti sa forteresse. Deux Indiens vinrent saluer l'amiral de la part de Gaocanaric, cacique de Marien; ils lui firent de la part de ce prince un beau présent en or. Il leur demanda des nouvelles de ses gens, et ils lui répondirent que les uns étaient morts de maladie, que les autres s'étaient retirés avec des femmes dans l'intérieur des terres. Le lendemain, tous les vaisseaux étant entrés dans le port, le premier spectacle qui s'offrit aux regards étonnés des Espagnols ce fut la forteresse abattue Colomb l'envoya visiter, et l'on n'y trouva personne. Quand on eut pris terre, quelques hommes furen envoyés en avant, et ils n'aperçurent que quatre ou cinq Indiens qui se mirent à fuir; ils virent ensuite de la terre fraîchement remuée; elle recouvrait les cadavres de plusieurs Espagnols, qu'on reconnut à leurs vêtements.

Sur ces entrefaites, et tandis que l'amiral délibérait sur le parti qu'il avait à prendre, arriva un frère du cacique qui, dans une harangue étudiée qu'il fit à l'amiral, à qui les Indiens qu'il avait ramenés servirent d'interprètes, prétendit que les Espagnols qu'il avait laissés dans la forteresse s'étaient livrés aux plus grands excès; que tant qu'ils n'avaient opprimé que les sujets de son frère, celui-ci avait pris patience, attendant le retour de l'amiral; mais que les Espagnols étant entrés sur les terres des autres caciques, et principalement sur celles du cacique *Caonabo*, tous ces chefs excités par ce dernier vinrent assiéger la forteresse, où il ne restait que quatre hommes avec le commandant, tous les autres ayant été tués en diverses rencontres; que ces cinq Espagnols se défendirent vaillamment et jusqu'au moment où Caonabo s'avisa de mettre le feu en plusieurs points de la forteresse; que les assiégés ne pouvant l'éteindre se sauvèrent du côté de la mer et se noyèrent en essayant de traverser le port à la nage; que le cacique son frère accourut au secours des Espagnols, mais qu'il était trop tard; que n'ayant pu les sauver il voulut les venger; qu'il livra bataille à Caonabo, et qu'il fut vainqueur, mais qu'une grave blessure reçue dans l'action ne lui avait pas permis de poursuivre les vaincus.

Quelques Espagnols et notamment le P. Boyl, chef de la mission que les rois catholiques avaient chargé de prêcher l'Évangile aux insulaires, voulaient qu'on s'assurât de la personne du cacique. L'amiral rejeta cet avis, bien déterminé à n'employer les moyens violents que lorsqu'ils seraient absolument nécessaires. Pour ne pas avoir même l'air de soupçonner le cacique, il lui envoya un de ses officiers pour le complimenter. Cet officier avait, il est vrai, l'ordre secret de s'assurer si la blessure du cacique était réelle, et par quelle espèce d'arme elle avait été faite. Il paraît que le rapport de cet officier fut favorable à Goacanaric, qui du reste se montra toujours allié fidèle, et que les Espagnols payèrent de la plus noire ingratitude.

L'amiral ne s'occupa plus, après avoir terminé cette affaire, que du soin de trouver un lieu propre à faire un établissement solide; et, comme il voulait se rapprocher des mines de Cibao, il partit le 7 décembre avec toute sa flotte de Puerto-Réal, s'avança vers l'est, et crut avoir trouvé ce qu'il cherchait, à soixante-douze à quatre-vingts kilomètres de son ancien établissement. Une rivière d'environ cent pas de large forme un assez bon port, quoiqu'un peu découvert du côté du nord; sur le bord de cette rivière s'élève un plateau fort haut que des rochers entourent, qui domine le port, et où l'on aperçoit une grande étendue de pays. Ce fut sur ce plateau qu'il jeta les fondements de la ville d'*Isabelle*, ainsi nommée en l'honneur de la reine de Castille.

Comme chacun mit la main à l'œuvre, toute la colonie eut en peu de temps des logements convenables : ce furent d'abord pour les colons des cases en bois, paille et feuilles de palmier. L'église, l'arsenal, le magasin, la maison du gouverneur furent construits en pierre, ce qui demanda un peu plus de temps. Malheureusement, on ne tarda pas à ressentir les effets du climat : beaucoup de vivres se gâtèrent, et les fatigues qu'entraînait un genre de travail auquel bien peu de colons étaient accoutumés causèrent de graves maladies. L'amiral lui-même en fut atteint ; ce qui le détermina, aussitôt après son rétablissement, à faire procéder à la recherche ou à la visite des mines de Cibao.

Ne pouvant y aller lui-même, il y envoya un de ses officiers nommé Ojeda, homme intelligent autant que brave et déterminé. Au sortir d'Isabelle il traversa trente-deux à quarante kilomètres d'un pays désert et qui lui parut stérile. Il entra ensuite dans une gorge de montagnes très-étroite et aboutissant à une grande et belle plaine, bien cultivée, arrosée d'un nombre infini de ruisseaux et couverte de villages. Un intervalle de quarante à quarante-huit kilomètres le séparait encore des mines ; il employa cinq jours à parcourir ce court espace, tant pour répondre à l'accueil qu'il recevait partout que parce qu'il fallait à chaque instant traverser d'assez grands ruisseaux. D'ailleurs, plus il avançait, plus il était facile de reconnaître le voisinage du lieu où la nature libérale épanchait ses trésors : après les deux premiers jours de marche dans cette plaine, les eaux roulaient avec le sable de petits grains d'or, et les soldats de l'escorte employèrent beaucoup d'heures à se procurer quelques parcelles de ce précieux métal.

Le nom de *Cibao*, dérivé de *ciba*, roche, signifiait, dans la langue des indigènes, *montagne rocheuse*. L'entrée de ce canton, toute hérissée de roches nues et abruptes, est d'un aspect triste et sauvage ; mais on y respire un air très-pur, et la température y est extrêmement douce. Les naturels qui accompagnaient les Castillans leur faisaient ramasser de l'or à chaque pas. Ojeda ne crut pas devoir aller plus loin. Ce qu'il voyait répondait si bien à tout ce qu'on disait de la richesse des mines, qu'il reprit la route d'Isabelle, impatient de rendre compte à l'amiral de tout ce qui lui était arrivé. L'amiral, très-satisfait, résolut de visiter en personne les mines, d'amener des ouvriers et d'y construire une forteresse. Il fit partir d'abord une compagnie de pionniers pour frayer dans les montagnes une route pour les chevaux. Il partit ensuite, accompagné d'une forte escorte de volontaires et de soldats bien armés, tous à cheval. Arrivé à la plaine qui se trouve entre la chaîne de montagnes et Cibao, il la trouva si belle qu'il lui donna le nom de *Vega Real*, plaine royale, et après l'avoir traversée dans sa largeur, qui en ce lieu n'est que de vingt kilomètres, il parvint au fleuve *Yaqué* ou *Nicayoga* (c'était de ces deux noms que les naturels l'appelaient), qu'il nomma *Rio de las Canas,* rivière des roseaux, parce que ses bords en étaient couverts : il ne se souvenait pas que dans son premier voyage il l'avait appelée *Rio del Oro,* rivière de l'or.

On arriva le 15 mars 1494 à l'entrée du Cibao, nom qui ne désigne pas seulement la montagne, mais qui se donne encore à toute une province. L'amiral, avant de s'enfoncer dans ce pays nouveau, gravit une haute montagne qui en domine l'entrée, et de là il vit la plus grande partie de l'île, parce qu'il se trouvait à peu près au milieu de sa longueur et de sa largeur. Quand il fut descendu dans la plaine, il se convainquit que l'or se présentait partout à la surface du sol. Il traça donc le plan d'une forteresse, à laquelle il donna le nom de Saint-Thomas, parce que, dit-on, il y eut beaucoup d'Espagnols qui ne voulaient rien croire de ce qu'on rapportait des mines qu'après qu'ils auraient vu de leurs yeux. Colomb donna le gouvernement du fort à un Catalan nommé Pierre Margarit, lui laissa quatre-vingt-seize hommes, ouvriers et soldats, et reprit le chemin d'Isabelle, où il arriva le 29. Il trouva la colonie dans un état fort triste : les vivres étaient au moment de manquer entièrement, l'intempérie de l'air avait engendré pour la seconde fois des maladies qui prirent bientôt après un caractère contagieux ; et la sévérité de Colomb, qui punissait rigoureusement les plus légères fautes, était peu propre à lui concilier des cœurs que les circonstances fâcheuses où l'on se trouvait avaient profondément aigris.

On reçut en même temps l'avis que le cacique Caonabo, de qui dépendait le canton de Cibao, se disposait à l'attaque du fort Saint-Thomas. L'amiral y envoya sur-le-champ quatre cents hommes sous le commandement d'Ojeda. Il établit ensuite un conseil de régence, laissa pour gouverneur de la ville son frère don Diègue, et partit avec un navire et deux caravelles pour aller faire de nouvelles découvertes. Il partit le 24 avril, et ne fut de retour que le 27 septembre. Pendant ce temps il avait fait le tour presque entier de Cuba, découvert la Jamaïque, souffert beaucoup de la disette; il fut plus d'une fois battu par la tempête, revint vers l'est, tomba malade dans une petite île située entre Haïti et Portoric, et fut transporté à Isabelle. Le plaisir qu'il éprouva en revoyant son frère Barthélemy, qui venait d'arriver, et dont il était séparé depuis treize ans, ne contribua pas peu au prompt rétablissement de sa santé. Barthélemy, après avoir parcouru l'Angleterre et la France, s'était rendu en Espagne sur la nouvelle des découvertes de son frère, et la reine Isabelle lui avait confié trois vaisseaux chargés de vivres et de secours pour la colonie.

Malheureusement ces vivres furent bientôt épuisés, et, pour comble de disgrâce, tous les caciques de l'île se liguèrent contre les Espagnols; de sorte que ceux-ci, ne trouvant de vivres nulle part, souffrant presque toujours de la disette, et au fond mécontents de n'avoir pas trouvé la fortune dès leurs premiers pas dans l'île, comme ils s'y étaient attendus, faisaient craindre de leur part des excès funestes à la colonie. Le mal venait principalement de la mauvaise conduite des soldats de la garnison du fort Saint-Thomas. Leur commandant, don Pierre Margarit, avait reçu l'ordre de visiter toutes les provinces ; il lui était surtout recommandé de maintenir parmi ses soldats une discipline rigoureuse, afin de ne donner aux naturels aucun sujet de plainte. C'était beaucoup exiger de soldats qui manquaient de tout et principalement de vivres ; et comme les insulaires se montraient peu disposés à leur en fournir, ils les enlevaient.

Tous les caciques, Goacanaric excepté, entrèrent dans la ligue dont Caonabo était l'âme. Don Diègue Colomb, gouverneur d'Isabelle, assembla le conseil, qui envoya réprimander le commandant Margarit. Celui-ci reçut fort mal l'envoyé du conseil, et il forma presque aussitôt le projet de retourner en Espagne pour y accuser les frères Colomb de mauvaise administration, déclarer positivement que l'amiral avait cherché à faire illusion au souverain dans l'intérêt de son ambition particulière, et que les avantages qu'on pourrait retirer de la colonie ne valaient pas les dépenses qu'entraînait l'occupation. Margarit eut pour partisans tous les mécontents, et à leur tête le P. Boyl, qui ne pardonna jamais à l'amiral d'avoir méprisé ses conseils et d'avoir réduit sa ration de vivres, comme on avait dû le faire pour tout le monde. Les navires qui avaient amené don Barthélemy allaient mettre à la voile pour retourner en Europe. Margarit se rendit en toute hâte à Isabelle, s'embarqua sur ces navires, et son exemple fut suivi par le P. Boyl. Là se termina l'apostolat de ce religieux inquiet, dont un écrivain de son ordre dit qu'il fut le premier qui prêcha l'Évangile dans l'Inde occidentale. Cet écrivain se garde de dire que le P. Boyl ne quitta pas Isabelle, que tous ses travaux apostoliques se bornèrent à dire la messe les dimanches et jours de fêtes pour les Espagnols qui voulaient l'entendre, et c'était le plus petit nombre; et il trouve fort mauvais que les jésuites ne mettent pas le P. Boyl au moins à côté de saint François Xavier, s'ils ne le placent au-dessus de lui. Quand l'amiral rentra dans Isabelle, Margarit et Boyl étaient déjà partis.

Cependant les caciques réunissaient leurs guerriers. Goacanaric vint offrir ses services à l'amiral, qui les accepta. Au fond toute cette multitude d'insulaires, nus et mal armés, qui se réunissaient sous la bannière des caciques, était peu capable de l'intimider; mais il craignait Caonabo, caraïbe de naissance, et comme tous les Caraïbes, audacieux, intrépide, méprisant la mort. Cet homme venu dans l'île en aventurier, était parvenu par son courage et son habileté à conquérir un royaume : il avait déployé du génie, créé des ressources, et il ne paraît pas qu'il eût rien perdu de ses avantages.

Ojeda, qui n'était pas moins rusé que courageux, fit tomber ce cacique dans un piége, se saisit de sa personne et l'amena devant l'amiral. Celui-ci, transporté de joie, fit embarquer ce prince pour l'Espagne. Il n'y arriva pas. Le navire sur lequel il se trouvait fit naufrage et périt corps et biens. Quatre vaisseaux chargés de vivres arrivèrent à Isabelle peu de temps après le départ de celui qui emportait Caonabo. Le commandant remit à l'amiral des lettres de Ferdinand et d'Isabelle pleines d'expressions affectueuses et d'assurances de leur confiance illimitée en ses lumières et sa fidélité. Cette dépêche consola Colomb des chagrins qu'on lui faisait éprouver à Isabelle.

Cependant la ligue des caciques ne s'était point dissoute: l'enlèvement de Caonabo n'avait fait qu'irriter les esprits et les remplir de désirs de vengeance. Colomb, ne voulant pas leur laisser le temps de s'aguerrir, avertit Goacanaric, qui vint aussitôt le joindre avec un bon nombre de ses sujets. Colomb comptait peu sur leur secours comme soldats, mais ils le servirent comme guides et conducteurs ou gardiens de ses bagages. Il partit d'Isabelle à la fin de mars 1495: il n'avait pris avec lui que deux cents fantassins bien armés et déterminés, vingt cavaliers, et autant de chiens dogues bien dressés. Arrivé à la Vega-Réal, il reçut des nouvelles des ennemis, qui s'étaient réunis au nombre de cent mille, sous les ordres de Manicatex, frère de Caonabo.

L'amiral marcha tout de suite à leur rencontre,

fit sonner la charge aussitôt qu'il les aperçut, et n'eut besoin que de quelques minutes pour dissiper cette foule immense. Les insulaires n'avaient jamais entendu des armes à feu, ils ne pouvaient surtout en deviner l'effet, et lorsqu'ils voyaient leurs guerriers tomber sans qu'aucune main les touchât, ils étaient saisis d'épouvante et prenaient la fuite en poussant des hurlements de désespoir; et quand les cavaliers couraient après eux et qu'on lâchait les chiens, que les premiers les foulaient aux pieds de leurs chevaux, que les seconds leur sautaient à la gorge et les étranglaient, ils s'arrêtaient découragés, se laissaient fouler aux pieds des chevaux, étrangler par les chiens, sabrer par les cavaliers, sans opposer aucune résistance. Tel est le récit des historiens espagnols. Je le crois véritable, ajouta le chevalier, pour tout ce qui concerne l'effet des armes à feu, les chevaux, les chiens; je pense seulement qu'ils ont exagéré le nombre des insulaires, bien que je sois persuadé que ce nombre eût été double sans que le résultat fût différent. Ne savons-nous pas qu'il n'a fallu à Cortez, à Pizarre, qu'une poignée d'hommes pour renverser des empires bien plus considérables que l'île d'Haïti?

On fit un grand nombre de prisonniers, que l'on condamna aux travaux publics; trois cents furent envoyés en Espagne en qualité d'esclaves; mais la reine les fit ramener dans leur pays, n'approuvant nullement qu'on attentât à la liberté des insulaires. Elle recommanda surtout qu'on les instruisît des vérités de la religion, mais en employant uniquement les voies de la douceur et de la persuasion, et qu'ensuite on les engageât par les mêmes voies à rendre à la couronne de Castille un hommage volontaire.

Le cacique Goacanaric n'avait été que simple spectateur du combat; mais cela suffit pour le rendre odieux à sa nation, qui ne lui pardonna pas son attachement pour les Espagnols. Ceux-ci, du reste, n'eurent guère plus d'égards pour lui que pour les autres caciques. On dit même que, pour se soustraire aux mauvais traitements des Espagnols, il fut réduit à se retirer dans les montagnes, où il périt misérablement.

Les vainqueurs parcoururent l'île entière en conquérants avides, ou plutôt en furieux pour qui rien n'est sacré. Quelques insulaires, retranchés dans des montagnes inaccessibles, tinrent encore quelque temps; mais, à la fin, la misère et le besoin les obligèrent de se soumettre. Un seul cacique, nommé Beckio, qui régnait à l'extrémité sud-ouest de l'île, et dont une forte ceinture de rochers défendait les États, conserva quelque temps encore son indépendance; mais son tour arriva deux ans après.

On soumit au tribut tous les insulaires. Tout individu au-dessus de quatorze ans devait fournir, de trois mois en trois mois, une certaine mesure d'or, et là où ce métal n'était pas commun, vingt-cinq livres de coton. Manicatex, auteur principal de la révolte (on flétrissait de ce nom de généreux efforts tentés pour la liberté du pays), fut condamné à un tribut beaucoup plus fort que les autres. Le cacique Guarionez, qui possédait la plus grande partie de la Vega et de Cibao, n'avait pas été ménagé dans la répartition ; aussi ne tarda-t-il pas à représenter qu'il ne lui était pas possible de fournir tout ce qu'on exigeait de lui; il offrit en échange de faire cultiver et semer, au profit des Espagnols, tout l'espace qui s'étend depuis Isabelle jusqu'à la côte méridionale, c'est-à-dire vingt-huit myriamètres environ de terrain en longueur, sur une largeur de huit, douze à seize kilomètres. Cette proposition, qui offrait un moyen assuré d'éviter les extrémités fâcheuses où la famine avait déjà réduit la colonie, fut rejetée par l'amiral, dont on ne reconnaît pas, dans cet inconcevable refus, la prudence accoutumée. Il savait pourtant combien il était difficile de faire venir des vivres d'Espagne : la soif de l'or était-elle donc le plus pressant besoin qu'il eût à satisfaire ?

Ce fut alors que le joug espagnol commença de peser sur les insulaires. Ils prirent, pour s'en délivrer, le parti de ne plus semer et de se retirer dans les montagnes, où ils comptaient trouver de quoi subsister. Ils espéraient que leurs tyrans, ne trouvant plus rien à manger, périraient de misère, ou qu'ils abandonneraient l'île. Les Espagnols, en effet, se virent à la veille de mourir de faim; mais au bout de quelque temps les insulaires, poursuivis et traqués dans les montagnes par leurs ennemis affamés, étaient obligés de se cacher dans les cavernes, et de s'y tenir renfermés sans oser en sortir, ce qui les plongea dans un état pire encore que celui dont ils avaient voulu sortir. En quatre à cinq mois, dit-on, le tiers au moins des insulaires mourut d'inanition.

Cependant les rapports ennemis du P. Boyl et du Catalan Margarit avaient porté leurs fruits à la cour de Ferdinand et d'Isabelle. La reine était fortement prévenue en faveur de l'amiral et de ses frères; toutefois le caractère de leurs accusateurs ne laissait pas de faire impression sur son esprit. Pour connaître de quel côté la vérité se trouvait, il était nécessaire d'informer sur les lieux; et il aurait fallu pour cela trouver un homme intègre, sans passion et sans préjugés; et le choix que fit la reine ne fut pas heureux. Arrivé à Isabelle, il ne montra que morgue, hauteur et partialité; il apportait d'Espagne toutes les préventions que Boyl et Margarit y avaient répandues, et il agit en ennemi déclaré, là où son rôle devait se borner à recevoir des informations des personnes les plus dignes de foi. Sa conduite hostile réunit autour de lui tous les mécontents, et ils étaient fort nombreux, car la famine continuait toujours. Les gens de guerre seuls trouvaient quelques vivres dans les bourgades des naturels. Plusieurs caciques crurent l'occasion favorable pour se plaindre d'avoir été surtaxés. Sur ces entrefaites, l'amiral, à qui son frère Barthélemy avait dépêché un exprès, arrivait à Isabelle, et le commissaire, qui était parti pour vérifier sur les lieux les sujets de plainte des caciques, fut obligé de revenir à Isabelle.

L'amiral se conduisit en cette occasion non-seulement avec une modération dont on ne le croyait pas capable, mais encore avec beaucoup de prudence et d'adresse, laissant informer contre lui, ne répondant à rien, ne relevant, comme il l'aurait pu faire, aucune des fausses démarches du commissaire ; seulement, quand celui-ci eut terminé ses opérations, l'amiral lui déclara que son intention était de se rendre en Espagne pour y plaider lui-même sa cause devant ses souverains, ce qui ne plut nullement à cet homme, qui n'avait d'ailleurs aucun moyen de l'empêcher. Avant son départ, l'amiral prit toutes les précautions nécessaires pour conserver son autorité dans la colonie, dont il confia le gouvernement à ses deux frères, de même qu'il remit à des officiers dont il était sûr le commandement de plusieurs forteresses qu'il avait fait construire, et dont l'une, *la Conception de la Véga*, devint par la suite une ville considérable.

Peu de temps avant son départ, quelques insulaires qu'il s'était attachés vinrent l'avertir que vers le sud, près de la rivière *Haïna*, qui coule non loin de la ville actuelle de Saint-Domingue, il y avait des mines d'or très-abondantes. Il regarda comme fort essentiel pour lui de vérifier la vérité de ce rapport ; il sentait que si la chose était vraie, il y avait là de quoi faire tomber la principale objection de ses ennemis contre l'occupation d'Haïti, et que d'un autre côté, quelque tort qu'on puisse avoir aux yeux d'un souverain, on rentre facilement en grâce avec lui lorsqu'on augmente ses domaines et qu'on remplit ses coffres. Il envoya donc deux hommes dévoués avec une bonne escorte, à laquelle les naturels se joignirent pour vérifier le fait qu'on lui avait dénoncé; et ces deux agents, en arrivant près de la rivière Haïna, dans laquelle se déchargeaient plusieurs ruisseaux dont les eaux charriaient de l'or, se convainquirent, en faisant creuser la terre en divers endroits, qu'elle recélait beaucoup de grains d'or presque à la surface du sol; ils en portèrent plusieurs montres à l'amiral, qui donna aussitôt l'ordre d'y construire une forteresse, à laquelle il donna le nom de son patron, Saint-Christophe, nom qu'on étendit aux mines qui furent creusées aux environs, et d'où l'on a tiré des trésors immenses.

Les deux caravelles sur lesquelles se trouvaient l'amiral et le commissaire appareillèrent d'Isabelle le 10 mars 1496, et entrèrent ensemble dans la baie de Cadix le 11 juin seulement. Le trajet aurait été beaucoup plus court si les caravelles, remontant au nord, étaient sorties de la région des vents alizés; car, allant directement à l'est, elles eurent toujours le vent contraire.

L'amiral reçut du roi et de la reine un bien meilleur accueil qu'il n'avait espéré. L'un et l'autre le remercièrent des nouveaux services qu'il leur avait rendus, et ils ne lui parlèrent nullement ni des informations du commissaire, ni des accusations du P. Boyl et de Margarit, que probablement ils trouvèrent calomnieuses ou du moins très-passionnées.

L'amiral offrit alors de continuer ses découvertes, ce qui fut accepté. Les deux souverains lui dirent pourtant qu'avant de faire des découvertes nouvelles il fallait donner à la colonie une forme stable. L'amiral en convint, et sur son avis il fut décidé qu'on enverrait trois cents hommes à l'Espagnole, cavaliers, fantassins, marins, ouvriers en or, laboureurs, artisans, et de plus trente femmes; que tous ces individus seraient entretenus aux frais de l'État; que des religieux de l'ordre de Saint-François partiraient avec lui, tant pour la direction spirituelle des Espagnols, que pour travailler à l'instruction des insulaires; qu'on embarquerait aussi des médecins et des chirurgiens, et même des joueurs d'instruments; qu'il serait permis à tous sujets de la couronne de Castille d'aller s'établir à l'Espagnole ou d'aller seulement y passer quelque temps, à condition qu'ils feraient le voyage à leurs frais; mais très-expresses défenses étaient faites à tout capitaine de navire partant pour le nouveau monde de recevoir à son bord quiconque ne serait pas né sujet de la couronne de Castille. La reine exigea l'insertion de cette clause dans l'édit de règlement qui fut publié à l'occasion des discours et de la conduite de Pierre Margarit et du P. Boyl, sujets de la couronne d'Aragon, et parce qu'elle voulait avoir le droit de punir ceux qui, à l'avenir, seraient tentés d'imiter ces deux hommes.

Le juste reproche qu'on peut adresser ici à l'amiral, c'est d'avoir conseillé de commuer la peine de tous ceux qui se trouvaient détenus pour crimes, délits ou dettes considérables, et qui seraient condamnés soit au dernier supplice, soit aux galères ou à toute autre peine afflictive, en un bannissement perpétuel ou déportation à l'Ile Espagnole. On ne voyait en ce moment que la difficulté de trouver des sujets qui voulussent s'expatrier; l'avis de l'amiral fut adopté sans difficulté; mais on vit plus tard que si, dans une colonie nouvelle où les lois n'ont pas encore reçu la sanction du temps ni acquis toute leur vigueur, les bons sont exposés à se corrompre, à plus forte raison les méchants y deviennent rarement meilleurs, surtout quand ils sont en grand nombre.

L'amiral avait demandé six navires, dont trois seraient employés à transporter des vivres à l'Espagnole, et dont les autres seraient à ses ordres pour continuer son voyage de découvertes, ce qui lui avait été accordé; mais, comme l'armement ne se faisait qu'avec lenteur, l'amiral profita du départ pour Isabelle de quelques bâtiments chargés de provisions, pour écrire à son frère Barthélemy, et lui transmettre l'ordre qu'il avait obtenu de la reine de transférer l'établissement d'Isabelle à toute autre place plus favorable. L'air était sain à Isabelle, les eaux y avaient de la fraîcheur et de la légèreté; mais tout le terrain des environs était stérile, et rien n'y venait, quelque soin qu'on prît. L'amiral n'indiquait pas précisément à son frère le lieu qu'il devait choisir; mais il lui insinuait que le côté du sud serait préférable, et qu'il faudrait autant que possible de se rapprocher des mines de Saint-Christophe ; il lui recommandait de ne s'en rapporter pour le choix qu'à lui-même. Cette lettre arriva au moment où l'adelantade (1) allait, de son propre mouvement, prévenir les ordres qu'elle renfermait ; voici à quelle occasion.

Un jeune Espagnol, Michel Diaz, un de ceux que l'amiral, avant son départ, avait envoyés explorer les environs de la rivière Haïna, s'était battu en duel avec un autre Espagnol, et, plus adroit ou plus heureux, il l'avait dangereusement blessé. Craignant les suites de cet accident, il avait jugé prudent de s'éloigner ; accompagné de cinq ou six de ses amis, il se dirigea du côté de l'est ; puis, tournant au sud, il arriva près de l'embouchure d'une belle rivière, sur le bord occidental de laquelle s'élevait une bourgade indienne, chef-lieu d'un canton très-fertile et dont les habitants reconnaissaient une femme pour cacique ou souveraine. Cette femme reçut les fugitifs et particulièrement Michel Diaz avec beaucoup de bienveillance ; elle conçut même pour ce dernier tant d'affection, qu'elle résolut de le retenir auprès d'elle. Afin de réussir plus facilement, elle lui offrit un établissement sur ses terres pour tous les Espagnols. Elle lui fit remarquer la commodité du port formé naturellement par le fleuve à son embouchure, la bonté et la beauté

(1) *Adelantado*, titre par lequel on désignait autrefois en Espagne le gouverneur d'une province. L'amiral, en sa qualité de vice-roi, l'avait donné à son frère, et la reine avait confirmé ce choix.

du pays, le voisinage des mines. Elle ajouta que si tous les habitants d'Isabelle voulaient se transporter à sa bourgade, elle s'engageait à leur fournir tout ce dont ils auraient besoin; elle finit par faire entendre à Diaz qu'il ne tiendrait qu'à lui de l'épouser. Le jeune Espagnol vit dans cette offre, qui lui semblait sincère, une grande faveur de la fortune pour lui-même, et de plus une occasion d'obtenir sa grâce de l'adelantade, au service duquel il avait été. Il partit pour Isabelle plein d'espérance. Avant d'entrer dans la ville, il apprit que celui qu'il avait blessé se trouvait parfaitement rétabli; alors il n'hésita pas à se présenter à D. Barthélemy, qui l'accueillit d'autant mieux que la proposition qu'il lui apportait paraissait faite pour le mettre en état de suivre les instructions de son frère.

L'adelantade partit aussitôt avec Diaz et une suite peu nombreuse. Il trouva que rien n'était exagéré dans le rapport qu'on lui avait fait; que le pays sur l'une et l'autre rive était d'une grande fertilité, que le port était sûr, vaste et profond, que les habitants, de même que leur souveraine, se montraient pleins de prévenances; et il traça aussitôt le plan de la ville nouvelle, qui ne tarda pas à recevoir dans son enceinte la plus grande partie des habitants d'Isabelle. On lui donna d'abord le nom de *Nueva-Isabel*, et l'amiral ne l'appela jamais autrement; mais à la longue le nom de *Santo-Domingo* prévalut, tant chez les Espagnols que chez les Français, bien qu'on ne sache pas positivement quelle est l'origine de ce nom. Quant à la cacique, il paraît qu'elle fut baptisée, car l'historien Oviédo ne parle d'elle que sous le nom de *Catherine*, et qu'elle devint la femme de Michel Diaz, du consentement exprès de l'adelantade.

Celui-ci n'eut pas plutôt laissé les ordres nécessaires à la Nueva-Isabel, tant pour la construction des habitations que pour celle d'une bonne citadelle, dont on jeta les fondements en sa présence, qu'il se rendit par terre à *Veragua*, bourgade qui était la résidence du cacique Beckio, le seul qui ne s'était pas soumis au tribut. L'adelantade s'était fait accompagner de trois cents hommes bien armés et bien équipés. Des trompettes, des tambours, des instruments de musique précédaient sa marche lorsqu'il arrivait à quelque peuplade. Ce bruit, auquel les naturels n'étaient pas accoutumés, leur causait d'abord de vives frayeurs; mais à la fin il excitait leur curiosité au point qu'ils accouraient pour l'entendre. Informé que Beckio avait mis sur pied une armée pour la lui opposer, il se hâta d'envoyer à Veragua un de ses officiers, afin de lui représenter qu'il venait en ami, pour visiter un prince dont on lui avait dit beaucoup de bien.

Beckio se montra ravi de ce message; il s'était longtemps flatté que l'éloignement où il se trouvait des établissements espagnols et surtout les chaînes de montagnes qui leur opposaient une double et triple barrière, le garantiraient de l'invasion; mais la présence de ces redoutables étrangers à Santo-

Domingo lui avait causé une vive inquiétude. Il s'attendait à la guerre, il en craignait le résultat, et il n'était pas fâché de l'éviter. Il reçut les Espagnols avec toutes les marques du dévoument et de l'affection; de son côté l'adelantade lui témoigna de grands égards; mais, en lui parlant de la puissance du roi d'Espagne, il l'engagea très-adroitement à se soumettre au tribut volontairement, ce qui, lui dit-il, lui procurerait l'amitié de la grande reine de Castille, qui, dans le cas où il s'y refuserait, pourrait envoyer l'ordre de l'y contraindre par la force des armes. Comme il n'y avait point d'or dans les États de Beckio, on convint à l'amiable d'une certaine quantité de coton et de cassave.

Après avoir terminé avec ce cacique, l'adelantade retourna par terre à Isabelle, où il trouva qu'on manquait absolument de tout, et que depuis son départ plus de trois cents personnes avaient péri de maladie ou de misère. En attendant qu'il arrivât des vivres d'Espagne, il fut obligé de disperser les habitants dans les bourgades indiennes. Celles de l'est et des environs de Samana eurent beaucoup à souffrir de ces hôtes incommodes, qui ne répondaient que par de mauvais traitements à tous les services qu'on leur rendait. Ils finirent par se révolter; ils forcèrent même le cacique Guarionex à se mettre à leur tête. L'adelantade reçut à Saint-Domingue la nouvelle du soulèvement de ces peuplades. Il accourut avec une petite troupe, et trouva les insurgés réunis au nombre d'environ quinze mille. Il les attaqua brusquement pendant la nuit et les mit facilement en déroute. Que pouvaient des hommes nus qui pour toute tactique se battaient en se poussant par les épaules, contre des hommes aguerris, bien armés, et tenant en main *le tonnerre* (c'était ainsi que les insulaires nommaient les armes à feu) ? Guarionex fut fait prisonnier ; mais l'adelantade le relâcha, à la demande de ses sujets ; il fit néanmoins punir du dernier supplice les instigateurs de la révolte. »

CHAPITRE V

Révolte de l'alcade-major. — Retour de l'amiral. — Suite de la révolte. — Améric Vespuce et Ojeda partent pour les Indes. — Disgrâce de Colomb ; on lui donne des successeurs. — La ville de Saint-Domingue renversée par un ouragan, et rebâtie.

« L'amiral, avant de quitter Saint-Domingue, nom que nous donnerons désormais à l'île d'Haïti jusqu'à ce que la révolte des noirs lui rende celui qu'elle tenait des indigènes, investit de la charge d'alcade-major (grand juge ou chef de la justice) un certain François Roldan, qu'il avait eu à son service, et qui pendant quelque temps s'était acquitté avec zèle de ses fonctions de juge ordinaire à Isabelle. Cet homme avait peu d'instruction, beaucoup d'esprit, et surtout une ambition extraordinaire. Persuadé que l'amiral ne reviendrait jamais de l'Espagne, il forma le dessein de s'emparer du gouvernement. Ce fut lui qui, envoyé vers le cacique Guarionex pour l'obliger à payer le tribut, lui conseilla la révolte ; mais, à l'approche de l'adelantade, il se retira dans les montagnes avec une centaine d'Espagnols qui s'étaient attachés à son parti.

L'adelantade, désespérant de le soumettre par la force, lui fit faire des propositions d'accommodement ; il eut même avec lui une entrevue qui ne produisit aucun résultat, et Roldan persista dans sa rébellion. Cependant deux caravelles chargées de vivres mouillèrent à Saint-Domingue le 3 février 1498 ; c'étaient celles que l'amiral avait obtenues en attendant l'armement de six navires qui lui étaient accordés. Averti de l'arrivée de ce secours, l'adelantade se rendit à Saint-Domingue. Roldan aurait voulu y arriver avant lui ; mais, ayant appris que les habitants, de même que les équipages des deux caravelles, étaient fort peu disposés à prendre part à sa revolte, il s'arrêta à vingt ou vingt-quatre kilomètres de la ville. D. Barthélemy lui fit de nouveau des propositions de paix ; Roldan se montra toujours intraitable, et il se retira dans le Veragua, où il annonça au cacique Beckio qu'il venait le délivrer du tribut. Il tenait partout le même langage, et partout il se faisait donner beaucoup plus que le montant du tribut. Les sujets de Guarionex s'étant de nouveau soulevés, malgré les efforts du cacique, celui-ci se retira chez le *Ciguaios*, peuple assez aguerri, qui habitait vers le cap Cabron, dans la presqu'île de Samana, et qui avait pour chef le brave Moïobanex.

L'adelantade reprocha à Guarionex sa conduite, et, pour le punir, il rassembla des troupes et marcha vers le lieu de sa retraite. Il ne tarda pas à voir l'armée des insulaires qui, au lieu de lui disputer le passage des montagnes, l'attendait dans la plaine. Aussitôt qu'ils aperçurent les Espagnols, ils décochèrent sur eux une grêle de flèches qui n'atteignirent personne, après quoi ils s'enfuirent. On leur donna vivement la chasse. Quelques prisonniers qu'on fit découvrirent à l'adelantade le lieu où Moïobanex s'était retiré; les Espagnols l'y investirent.

D. Barthélemy lui envoya un parlementaire pour lui offrir la paix à condition qu'il livrerait Guarionex. « Guarionex, répondit l'insulaire indigné, quoique malheureux, est un honnête homme qui n'a jamais fait de tort à personne; les Espagnols, au contraire, sont des voleurs et des assassins qui emploient tous les moyens pour s'emparer du bien d'autrui. Dites à votre général que je n'abandonnerai jamais un prince qui est venu se jeter dans mes bras. » Et comme ses amis lui représentaient qu'il ne sauverait pas Guarionex, et qu'il se perdrait lui-même : « Il en arrivera ce qu'il pourra, leur répondit-il; mais je périrai plutôt que de le livrer. » Il périt en effet, et il ne sauva point son ami. Son armée prit la fuite sans combattre; les deux caciques, restés seuls, se sauvèrent dans les montagnes. La retraite de Moïobanex fut découverte : il fut arrêté avec toute sa famille et conduit à la Conception, où D. Barthélemy s'était rendu. Ses sujets firent toutes sortes d'offres pour qu'il leur fût rendu; mais l'adelantade, voulant faire un exemple, renvoya toute la famille du cacique, et fit condamner le cacique lui-même comme coupable de rébellion. La sentence fut exécutée.

Ce fut vers ce temps que l'amiral entra pour la première fois dans le port de Saint-Domingue. C'était son troisième voyage, que des intrigues de cour et de basses jalousies avaient considérablement retardé. Malheureusement, le prince héréditaire d'Espagne étant venu à mourir, la reine appela auprès d'elle l'évêque de Badajoz, qui haïssait Colomb, et n'en fut pas moins chargé des affaires du nouveau monde. Avant d'arriver à Saint-Domingue, l'amiral découvrit une île, à laquelle il donna le nom de *la Trinité* parce qu'il y remarqua une haute montagne avec trois sommets. Il en fit presque le tour; il aperçut vers le sud une autre terre, qu'il prit aussi pour une île; au bout de quelques jours il reconnut que ce qui lui avait d'abord semblé n'être qu'une île faisait partie d'un grand continent. Après avoir louvoyé pendant quelque temps le long du rivage de la terre ferme, dont il prenait les diverses pointes pour autant d'îles, il s'approcha de la côte, où il vit plusieurs naturels qui paraissaient fort traitables, et dont les formes étaient bien proportionnées. Ils portaient tous de l'or, mais de bas aloi. Les femmes avaient des colliers et des bracelets de perles. Elles désignèrent l'occident comme pour indiquer le lieu d'où elles tiraient les perles et l'or. Il arriva, en suivant cette direction et en s'éloignant peu de la côte, jusqu'aux bouches de l'Orénoque. Les courants l'avaient porté rapidement vers la terre, et plus d'une fois il avait couru de grands risques ; heureusement, quand il parvint vis-à-vis de l'embouchure du fleuve, le courant de ce fleuve immense prenait le dessus sur la marée tombante, ce qui le rejeta en pleine mer. Il fut d'abord très-étonné de trouver de l'eau douce à trente-six à quarante kilomètres au moins du rivage. Il ne put guère douter alors qu'il ne se trouvât en face de l'embouchure de quelque grand fleuve, ce qui lui indiquait assez clairement l'existence d'un continent, qu'il se proposa bien d'abord d'explorer et de reconnaître après qu'il aurait radoubé ses vaisseaux à l'Espagnole. Cependant il ne voulait pas y arriver avant d'avoir trouvé, s'il était possible, la pêcherie de perles qu'on lui avait indiquée. Au bout de quelques jours il s'approcha du rivage, sur le bord duquel il apercevait un grand nombre de sauvages qui lui faisaient des signes d'intelligence. Ce ne fut pas sans une vive surprise mêlée de joie que les Castillans, ayant mis pied à terre, aperçurent un grand nombre de femmes qui toutes portaient des colliers et des bracelets de perles, qu'elles leur montraient comme pour les engager à faire un échange. L'amiral leur fit demander d'où elles tiraient ces perles, et elles répondirent par signes que c'était aux environs d'une île dont elles indiquaient la situation à l'occident. Leur désignation se trouva exacte, et la pêcherie fut découverte. Pour des fragments de poterie de Valence, les indigènes livrèrent trois livres pesant de perles, la plupart médiocres, mais quelques-unes fort grosses. Cette pêcherie se trouve à seize kilomètres de la terre ferme, près d'une petite île que l'amiral désigne sous le nom de *Cubagua*.

Le plaisir qu'éprouvait Colomb par toutes les découvertes qu'il venait de faire fut bien troublé par les nouvelles que lui donna son frère à son arrivée à Saint-Domingue. La révolte de Roldan avait fait beaucoup de progrès; les rebelles s'étaient cantonnés dans le pays de Veragua, où ils vivaient à discrétion. Les trois caravelles qui étaient parties avec l'amiral, chargées de vivres, avaient été contrariées par le mauvais temps et jetées sur les côtes de la Jamaïque, qu'aucun de leurs pilotes ni de leurs capitaines ne connaissait; et, après avoir erré longtemps dans ces parages, elles vinrent aborder sur la côte méridionale de l'Espagnole, très-près du lieu où se tenait Roldan avec sa troupe.

L'alcade avait tiré parti de cet événement, et il avait engagé une trentaine d'hommes de l'équipage à se joindre à sa troupe. Carvajal, l'un des trois capitaines, fut envoyé à terre pour tâcher de ramener les rebelles au devoir; ce fut inutilement : et avec l'escorte qu'on lui avait donnée il se rendit par terre à Saint-Domingue, tandis que les trois navires, vers lesquels l'amiral, prévenu de leur arrivée par les naturels, avait envoyé une caravelle pour les guider, arrivaient par mer dans cette ville. De son côté

Roldan, averti de la présence de Colomb, se rendit avec ses gens à Bonao, bourgade qui s'était formée à soixante ou soixante-quatre kilomètres de Saint-Domingue, et près des mines de Saint-Christophe.

L'amiral essaya de tous les moyens pour ramener Roldan ; il lui envoya deux de ses officiers, et lui écrivit de la manière la plus amicale. Tout fut inutile; et l'amiral était d'autant plus embarrassé qu'il aurait voulu, d'une part, ne parler au roi et à la reine de cette révolte qu'après qu'elle aurait été apaisée ; que, d'un autre côté, les tributs ne se payaient pas, ou qu'ils étaient détournés par les factieux; enfin, que les insulaires profitaient de la discorde qui divisait leurs oppresseurs pour laisser sans culture toutes les terres voisines des établissements espagnols. Dans ces circonstances, Colomb imagina qu'il fallait poursuivre les rebelles avec vigueur ; mais, lorsqu'il voulut réunir les troupes, elles refusèrent de marcher, disant qu'elles ne voulaient pas verser le sang espagnol. Il fallut alors reprendre la voie des négociations, publier une amnistie, et instruire le roi et la reine de tout ce qui se passait. Dans sa dépêche il parlait de la pêcherie de perles, et des moyens à prendre pour en assurer la possession à la couronne de Castille. Il dit que les maladies qui d'abord avaient accueilli les colons avaient beaucoup perdu de leur malignité, si elles n'avaient cessé entièrement; que les Espagnols s'acclimataient; que le pays se fournissait de vivres, et que bientôt il ne serait plus à charge à l'Espagne. Il parlait à la fin de la révolte de l'alcade-major, des efforts qu'il avait faits pour rétablir la paix, et de la résistance de Roldan à toutes les propositions; qu'il suppliait Leurs Altesses de connaître de cette affaire, et de rappeler devant elles l'adelantade et Roldan, comme celui-ci le demandait, prétendant qu'il ne s'agissait que d'un simple différend entre lui et l'adelantade. Il se défendait ensuite du bruit qu'avait répandu sur son compte la haine jalouse de quelques individus; si son frère Barthélemy n'en avait été empêché constamment par la révolte, il aurait certainement découvert la terre ferme; enfin tous les malheurs qui avaient affligé la colonie ne seraient pas arrivés si l'armement qui lui avait été promis n'avait pas été retardé comme à dessein.

Roldan écrivit de son côté, et il se trouva dans Séville des personnages puissants qui adoptèrent toutes les calomnies de l'alcade-major, comptant qu'en les appuyant auprès du roi et de la reine ils parviendraient à perdre les Colomb, qu'ils haïssaient parce qu'ils avaient eu des marques trop éclatantes, disaient-ils, de la faveur royale.

Cependant les négociations continuaient dans la colonie, mais ce ne fut pas sans beaucoup de peines qu'on parvint à un accommodement, dont les principales clauses étaient: que tous ceux qui voudraient retourner en Espagne pourraient le faire en toute liberté, et qu'à cet effet l'amiral leur fournirait deux bâtiments; qu'il leur serait permis d'embarquer et d'emmener avec eux les femmes du pays qu'ils avaient prises pour épouses, mais qu'ils ne pourraient emmener aucun insulaire malgré lui; que l'amiral leur donnerait à tous des certificats de bonne conduite, etc. L'amiral se vit contraint de tout accorder. Le mal devenait contagieux; les insulaires semblaient disposés à se soulever; beaucoup de Castillans jusque-là fidèles commençaient à inspirer des doutes pour l'avenir; et le prompt départ des rebelles pouvait seul sauver la colonie. Quand les deux caravelles furent près de mettre à la voile, l'amiral eut l'intention de s'embarquer sur l'une ou sur l'autre, afin d'aller informer lui-même la reine de toutes les circonstances de cette affaire; il se repentit plus tard de n'avoir pas suivi ce premier mouvement. Il se contenta d'envoyer à sa place deux de ses officiers, avec un mémoire qu'ils étaient chargés de présenter à la reine.

A peine les deux caravelles furent-elles parties, que Roldan, qui, aux termes de la convention, était rentré dans ses fonctions d'alcade-major, présenta à Colomb une requête au nom de cent deux Castillans qui demandaient qu'on leur concédât la province de Veragua. L'amiral craignit que, s'il laissait ensemble tant d'hommes mal intentionnés, l'esprit de révolte ne se perpétuât parmi eux: il traîna donc cette affaire en longueur jusqu'à ce que les mécontents se fussent divisés en plusieurs bandes. Alors il leur assigna des terres, leur donna à chacun mille pieds de manioc, et donna ordre aux caciques voisins de faire cultiver ces terres par leurs sujets. De là vint plus tard l'idée des *repartimientos*, c'est-à-dire des répartitions d'indigènes entre les Espagnols.

A peine cet arrangement fut-il terminé, que l'amiral reçut l'avis qu'Alphonse Ojeda venait d'entrer avec deux ou trois navires au port d'Yaquimo, dans l'Ile Espagnole, sous prétexte d'y faire un chargement de bois de Brésil, commun dans cette partie de l'île. Il savait déjà qu'Ojeda, qui se trouvait en Espagne au moment où y parvenait la nouvelle de sa découverte du continent et de la pêcherie des perles, et qui avait un libre accès chez le cardinal Ximenès Fonseca, avait obtenu de celui-ci communication de son manuscrit, ce qui était un coupable abus de confiance, et que, sur les renseignements contenus dans cet écrit, il avait formé le projet, sinon de s'approprier l'honneur de la découverte, du moins de le partager; que le cardinal avait accueilli ce plan et donné à Ojeda une commission analogue; que ce dernier avait trouvé des fonds à Séville, et qu'il était parti avec Jean de la Cosa, un des plus habiles pilotes de ce temps, et Améric Vespuce, riche marchand florentin, qui s'intéressa dans l'expédition pour une somme considérable, et qui d'ailleurs passait pour habile dans l'art de la navigation, en astronomie et en cosmographie.

Ce fut ce même Améric Vespuce qui, de retour en Europe, eut l'imprudence de s'attribuer la gloire d'avoir découvert le nouveau monde, et ce hardi mensonge eut tant de succès, que, malgré la preuve du contraire existante entre les mains du roi et de la reine, il eut l'honneur de donner son nom à ce monde qu'il n'avait pas découvert. Mais qui ne sait que le plus souvent l'audace et la fraude ravissent la récompense due au mérite, parce que l'injustice, compagne de l'ignorance, préside presque toujours aux jugements des hommes?

L'amiral crut, en cette occasion, pouvoir employer le ministère de Roldan; et cet homme, fier sans doute de la confiance qu'on lui montrait, voulut prouver qu'il la méritait. Il se rendit auprès d'Ojeda, et fit tant par ses représentations qu'il l'obligea de se retirer. Ojeda, en partant, écrivit à l'amiral une lettre insolente, dans laquelle il lui déclarait qu'il allait le faire connaître à la cour d'Espagne. Cela se passait au commencement de l'an 1500. Ojeda tint parole, et il répandit de tous les côtés tant de calomnies, qu'à la fin tous les esprits se laissèrent prévenir contre les trois frères Colomb, que l'on condamna tout d'abord sans se croire obligé de les entendre.

La cour se trouvait alors à Grenade, et la populace, soulevée par les manœuvres d'Ojeda et d'une cinquantaine d'Espagnols revenus de l'Espagnole, criait à haute voix que les Colomb étaient des traîtres qui avaient découvert un pays pour y faire périr la noblesse espagnole. Ces clameurs retentirent souvent aux oreilles du roi et de la reine. Ferdinand, qui n'aimait pas Colomb, fut le premier qui écouta ces bruits populaires; Isabelle tint plus longtemps, mais à la fin elle céda, entraînée par le torrent de l'opinion, ou plutôt elle se décida par une considération qui ne serait venue à l'esprit de personne.

On se souvient que, par une clause du traité fait avec Roldan, il avait été permis à ceux qui voudraient retourner en Espagne d'emmener les femmes qu'ils disaient avoir épousées. Il paraît que plusieurs hommes avaient été aussi embarqués, soit à l'insu de Colomb, soit que, dominé par les circonstances, il eut fermé les yeux sur cette contravention. Le nombre des insulaires, hommes ou femmes, était de trois cents. La reine avait recommandé sur toutes choses qu'on n'attentât pas à la liberté des naturels; et dans cet enlèvement de trois cents insulaires à leur patrie, elle vit une infraction formelle à ses ordres, dont elle rendait l'amiral seul responsable. Dans le premier mouvement de son dépit, non-seulement elle envoya l'ordre de remettre les insulaires en liberté, mais encore elle prit la résolution d'ôter à Colomb le gouvernement du nouveau monde. Condamner un homme sans l'entendre, c'est un procédé que la justice et la raison désavouent. La reine eut lieu par la suite de se repentir de s'être abandonnée à un moment d'humeur. Avec un peu de réflexion elle aurait compris que l'amiral avait été forcé à des concessions fâcheuses; et, si elle l'eût interrogé lui-même, elle aurait appris qu'il était venu à bout d'extirper tous les germes de rébellion, que son autorité ne trouvait plus d'obstacles, que tous les Castillans étaient soumis, que les insulaires commençaient à recevoir l'instruction religieuse et à reconnaître la souveraineté de la Castille, et qu'il avait l'espérance fondée que dans trois ans au plus il aurait augmenté de soixante millions le revenu de la couronne, en y comprenant la pêche des perles.

François de Bobadilla, gentilhomme pauvre, intéressé, ambitieux et d'un naturel très-violent, fut envoyé à l'Ile Espagnole avec la commission de gouverneur général et muni de pleins pouvoirs. Il arriva le 3 août 1500. L'amiral était occupé à fortifier la Conception-de-la-Vega, qui devenait une ville considérable; l'adelantade était allé avec Roldan à Veragua pour y rechercher les auteurs d'une conspiration contre la vie de l'alcade-major, dont les principaux avaient été déjà arrêtés et transférés aux prisons de Saint-Domingue.

A peine Bobadilla fut-il entré dans la ville, qu'il fit connaître sa commission de gouverneur général; à ce titre il demanda que la citadelle lui fût livrée, et qu'on lui remît les clefs de la prison. Sur le refus qu'il éprouva de la part de Diègue Colomb, gouverneur de la ville, et de Michel Diaz, commandant de la citadelle, il convoqua les troupes, leur donna lecture de sa nomination, fit mettre pied à terre à tous l'équipage de ses deux caravelles, et, à la tête de cette troupe, alla mettre le siège devant la citadelle, dont les portes furent enfoncées par ordre de Bobadilla. De là il se rendit à la prison, qu'il ouvrit à tous ceux qui s'y trouvaient renfermés. C'était précisément tous les complices de la dernière conspiration, et qu'une sentence du conseil avait condamnés à mort.

L'amiral fut d'abord tenté de résister; mais un religieux franciscain qui était arrivé avec Bobadilla se rendit auprès de lui, porteur d'une lettre qui lui était adressée par le roi et la reine; cette lettre lui ordonnait d'exécuter tout ce qui serait ordonné par le commandeur Bobadilla. Colomb ne voulut pas d'abord croire à l'authenticité de cet écrit; il ne pouvait concevoir pour quel motif ou l'aurait condamné sans lui donner la faculté de se défendre. Toutefois, après avoir délibéré avec ses amis, qui remarquèrent que la lettre lui laissait le titre d'amiral, mais ne lui donnait pas celui de vice-roi, il prit le parti d'aller se mettre au pouvoir de Bobadilla, qui, sans vouloir le voir ni l'entendre, le fit enfermer à la citadelle les fers aux pieds. Ce qu'il y eut de plus étrange encore que ce procédé brutal, ce fut l'approbation que lui donnèrent les habitants de Saint-Domingue, ceux-là mêmes qui devaient tout à l'amiral et à ses frères. Don Diègue, ayant aussi les fers aux pieds, avait été transféré sur l'une des caravelles qui avaient amené Bobadilla; bientôt après, l'adelantade, suivant le conseil de l'amiral, vint partager le sort de ses frères.

Le procès des prétendus criminels commença immédiatement. On accusait l'amiral d'avoir différé de donner avis à la reine de sa découverte de la pêcherie des perles, dans le dessein de se faire adjuger de nouveaux droits. Les autres chefs d'accusation s'appliquaient aux trois frères : dureté dans le gouvernement, cruauté dans l'administration de la justice criminelle, détournement de la solde des gens de guerre et des ouvriers, défense de travailler aux mines, guerres entreprises sans sujet légitime et dans la seule intention de faire des esclaves, etc. Les réponses de l'amiral, claires, précises et convaincantes, embarrassèrent les juges, et surtout le gouverneur général, qui commença dès lors à s'apercevoir que la commission se bornait à informer sur la conduite de Colomb et à le faire partir pour l'Espagne, afin d'en rendre compte au roi et à la reine, mais qu'elle ne lui donnait nullement le droit de s'ériger en juge. Le procès n'en continua pas moins de s'instruire ; il se termina par un arrêt de mort que Bobadilla n'osa pourtant pas faire exécuter ; il se contenta d'envoyer les trois frères à Cadix, avec ordre au capitaine de la caravelle, Vallejo, de les remettre aux mains de l'évêque de Cordoue (auparavant évêque de Badajoz), ou de Gonzalve Gomez Cervantes, tous deux ennemis des Colomb.

Vallejo ne fut pas plutôt en mer, qu'il voulut ôter les fers à ses prisonniers ; mais l'amiral s'y opposa, protestant qu'ils ne les quitteraient que par ordre du roi et de la reine. Il ordonna même dans la suite, par son testament, qu'on mît dans son cercueil les fers qu'il avait portés, comme pour montrer à la postérité quelle reconnaissance le monde garde des services qu'on lui a rendus. Dès que les trois frères furent arrivés à Cadix, que le bruit du traitement indigne qu'on leur avait fait subir se fut répandu dans la ville, et que de Cadix il fut parvenu à Séville, un mouvement bien marqué de mécontentement se fit sentir dans toutes les classes, et l'indignation publique se manifesta par des signes non équivoques.

Ferdinand et Isabelle, informés de ce qui s'était fait en leur nom, désavouèrent publiquement la conduite de Bobadilla, dont ils se montrèrent très-offensés, firent mettre sur-le-champ en liberté l'amiral et ses frères, donnèrent des ordres pour qu'on leur rendît les honneurs qui leur étaient dus, les invitèrent à se rendre sans délai à Grenade, où la cour se trouvait, et annulèrent sans examen toutes les procédures qui avaient eu lieu.

L'amiral obtint une audience particulière de la reine. Celle-ci expliqua d'une manière assez plausible les ordres qu'elle avait donnés, et que Bobadilla avait outrepassés. Elle convint que, la voix publique l'accusant d'une sévérité qui ne convenait pas dans une colonie naissante, elle n'avait pu s'empêcher d'ajouter quelque foi à cette inculpation ; que ce qui surtout l'avait offensée c'était que, malgré sa défense expresse, il eût privé un grand nombre d'insulaires de la liberté. Il ne fut pas difficile à Colomb de convaincre la reine qu'on l'avait induite en erreur. La reine alors lui promit de faire un exemple de Bobadilla, mais elle ajouta qu'elle ne pouvait de sitôt le rétablir dans son gouvernement, parce qu'il fallait donner aux esprits le temps de se calmer. Tout ce qu'il obtint, ce fut la faculté de continuer ses découvertes, et la promesse qu'on lui fournirait tous les navires qu'il jugerait nécessaires. Elle s'engagea de plus à rétablir son fils aîné dans toutes ses charges, si la mort venait à le surprendre dans le cours de son voyage.

La conduite insensée de Bobadilla fit regretter Colomb par ceux-là mêmes qui s'étaient hautement prononcés contre lui. Il ne distribua ses faveurs qu'aux hommes flétris par l'opinion, aux anciens partisans de Roldan, aux conjurés auxquels il avait rendu la liberté; ce qui faisait dire aux colons honnêtes que sous un tel gouverneur il fallait rompre avec tous les sentiments d'honneur, de vertu et de probité, pour réussir dans un projet quelconque d'avancement ou de fortune. Il avait permis à tous les individus de la colonie de chercher de l'or, et avait réduit à un onzième le droit du roi, au lieu du tiers qu'on devait livrer auparavant. Pour ne pas diminuer la part du souverain, il fallait que les particuliers pussent tirer du sol une grande quantité de ce métal, et il obligea les caciques à fournir à chaque Espagnol un certain nombre de leurs sujets pour travailler aux mines; et, pour qu'aucun insulaire ne pût se soustraire à cette charge, il en fit faire le dénombrement, les distribua par classes, et chacun en eut à son service, les uns plus, les autres moins, suivant que le gouverneur voulait les favoriser. Par ce moyen on tira de l'île une quantité d'or prodigieuse, mais il en coûta la vie à un si grand nombre d'insulaires, qu'au bout de peu de temps il devint évident que la population avait diminué d'une manière sensible.

Le rappel de Bobadilla était résolu depuis l'arrivée de Colomb. L'avis donné à la reine de sa conduite envers les insulaires hâta sa détermination. La reine lui donna pour successeur don Nicolas Ovando, grand commandeur de l'ordre d'Alcantara; mais sa commission n'était que pour deux ans, ce qui faisait supposer que la reine, après ces deux années, voulait rétablir Colomb dans sa charge. Cependant Ovando emportait des instructions fort amples : il devait traiter les insulaires comme les Espagnols; ne point permettre qu'ils travaillassent aux mines autrement que comme ouvriers libres et salariés; examiner les comptes de Bobadilla et l'envoyer immédiatement en Espagne; apporter tous ses soins à ce que l'amiral et ses frères fussent complétement dédommagés de tout le tort qu'on leur avait fait; travailler sérieusement à l'instruction des insulaires dans la foi catholique.

Ovando arriva le 15 avril 1501 au port de Saint-Domingue. Bobadilla, qui ne s'attendait à rien moins qu'à être remplacé, fut embarqué sur un des navires de la flotte qui devait retourner en Espagne, prisonnier suivant les uns, libre suivant les autres. Roldan, Guivara, et tous ceux que Bobadilla avait remis en liberté, furent arrêtés de nouveau et placés aussi sur la flotte. Quant aux insulaires, ils furent déclarés libres et exempts du travail forcé des mines. Aussi ce travail cessa-t-il entièrement. Les colons, n'ayant plus à leur disposition les bras des insulaires, n'avaient pas le courage de se consacrer à un travail aussi pénible; car, à force de dépouiller la surface du sol, il fallait maintenant creuser la montagne pour suivre les filons; et les insulaires, quoiqu'on leur offrît le paiement de leurs journées, aimaient mieux vivre tranquillement dans leurs cases, que de se consumer de fatigue pour gagner quelques biens dont ils ne faisaient aucun cas.

Au moment où la flotte allait partir pour l'Espagne, une chaloupe entra dans le port. Elle était envoyée par l'amiral, qui demandait la permission d'entrer dans le port pour changer un de ses bâtiments qui ne pouvait plus tenir la mer. Ce n'était qu'avec bien du temps et des difficultés que l'amiral avait obtenu du ministre des Indes les bâtiments qu'il avait demandés et que la reine lui avait promis. Il était parti de Cadix le 9 mai 1502. Il était en vue de la Martinique à la mi-juin; et s'apercevant que le plus grand de ses navires faisait eau de tous côtés, il se détermina à se rendre à l'Ile Espagnole pour y changer son navire, n'imaginant pas que la défense qui lui avait été faite de toucher à cette île pût s'étendre au cas où il serait contraint d'y aborder par quelque accident de force majeure. Ovando lui fit répondre qu'il avait des ordres qu'il ne pouvait enfreindre. Colomb, bien que contrarié par cette réponse, fit avertir Ovando qu'il voyait des signes certains d'une grande tempête prochaine; il lui conseillait de suspendre le départ de la flotte : on ne tint aucun compte de cet avis, et la flotte appareilla. Elle avait à peine passé la pointe orientale de l'île, qu'une tempête horrible se déclara. Vingt-un bâtiments chargés d'or furent submergés, et tous les hommes de l'équipage périrent, sans qu'il fût possible d'en sauver un seul. Le commandant de la flotte, le commandeur Bobadilla, Roldan, un cacique chrétien, furent du nombre de ceux qui périrent; onze navires seuls furent épargnés par l'ouragan ; c'étaient les plus faibles et les plus mal équipés ; et le plus mauvais de tous, sur lequel on avait placé tout l'avoir de l'amiral, fut le premier qui arriva heureusement en Espagne. Ovando fut vivement réprimandé dans la suite d'avoir négligé l'avertissement de Colomb.

Ce ne fut pas seulement sur la mer que l'ouragan exerça ses ravages; on en ressentit aussi les effets à l'Ile Espagnole, et la ville de Saint-Domingue, dont les maisons n'étaient pour la plupart qu'en bois et en torchis (1), fut presque toute renversée; les plantations qu'on avait faites furent bouleversées, les arbres arrachés ou brisés, les toitures des édifices plus solidement construits enlevées et portées au loin. Ovando donna des ordres pour la rebâtir; et comme il y avait quelques habitations sur la rive droite du fleuve, il voulut transporter la ville nouvelle de la rive gauche à la rive droite. Mais pendant quelque temps les constructions allèrent

---

(1) Terre grasse pétrie avec de la paille hachée.

très-lentement, parce qu'il fallut vaquer aux soins d'une guerre opiniâtre que les habitants de la province de Higuey, la plus orientale de l'île, firent aux Espagnols pour venger la mort de leur cacique, étranglé comme un chien par des soldats espagnols. Cette guerre fut longue; des détachements espagnols furent souvent massacrés; mais à la fin les insulaires succombèrent. On les poursuivit dans les montagnes, et l'on en tua un si grand nombre, que la contrée, qui avant la guerre était une des plus populeuses, resta sans habitants.

Le choix du nouvel emplacement de Saint-Domingue ne fut pas heureux ; car, si l'on choisissait le côté occidental du fleuve, la ville allait se trouver constamment enveloppée des vapeurs que le soleil levant chassait devant lui; et ce qu'il y avait de plus malheureux, c'était d'abandonner une source abondante de très-bonne eau, qui était comprise dans l'ancienne enceinte, tandis que celle du puits qu'on creusa était saumâtre, de même que celle de la rivière. Du reste, la ville est belle, bien bâtie; ses rues sont larges et droites; les maisons furent construites, les unes avec une sorte de marbre dont on trouva des carrières dans le voisinage, les autres avec une espèce de terre glaise qui se durcit à l'air, et qui dure presque autant que la brique. Au midi, le pied des murailles est borné par la mer, à l'orient par le fleuve, des deux autres côtés par une superbe campagne. Les vaisseaux passent tout le long de la ville; le mouillage est bon partout; les

5

vaisseaux de guerre ne peuvent néanmoins entrer dans le port, à cause d'une barre de sable qui ferme l'entrée du fleuve et n'offre que quatre mètres d'eau, et cinq au plus dans les grandes marées. Sa rade est sûre et commode, excepté de la mi-juillet à la mi-octobre ; durant ces trois mois il règne sur cette côte d'épouvantables ouragans ; mais cette saison passée, il n'y a plus de danger.

L'air à Saint-Domingue est assez frais ; les vents du nord qui soufflent la nuit, les brises d'est et du sud-est qui se font sentir tous les jours contribuent à cette fraîcheur. Cependant les Espagnols y sont sujets à plusieurs maladies, et l'usage des eaux de citerne y engendrait autrefois la lèpre. Par la suite on y a amené les eaux de la rivière d'Haïna, lesquelles sont pures, saines et légères. Il y avait dans l'enceinte de la ville une mine de vif-argent très-abondante ; le gouvernement ordonna de la fermer. »

CHAPITRE VI

Insulaires divisés en départements. — Guerre de Xaragua. — Quatrième voyage de Colomb. — Conduite d'Ovando à son égard. — Mort d'Isabelle. — Mort de Colomb. — Nouvelle révolte. — Administration d'Ovando.

« Ovando s'était mis en état de donner la loi à tous les habitants de l'île, mais les instructions qu'il avait reçues relativement aux insulaires le gênaient beaucoup. Il écrivit à la reine que la liberté indéfinie accordée aux insulaires entraînerait infailliblement la ruine de la colonie; que les impôts ne se payaient pas, que les terres restaient sans culture, que les insulaires s'éloignaient des habitations, que la continuation de ce régime entraînerait la ruine de la colonie. On lui envoya des instructions nouvelles, qu'il interpréta à sa guise; et il y trouva l'autorisation d'établir les départements d'insulaires, qui en faisaient autant d'esclaves ou de serfs attachés à la glèbe. Voici comment il s'y prit :

Il assigna à chaque Castillan un certain nombre d'insulaires, suivant la qualité des personnes et le degré de faveur dont elles jouissaient. La concession était ainsi conçue : « Je recommande à *N*. (le nom du concessionnaire) tant d'Indiens (le nombre de ceux-ci), sujets du cacique *N*. (le nom du cacique), et il aura soin de les faire instruire des principes de notre sainte foi. » Ainsi, sous le manteau sacré de la religion se cachaient les sordides intérêts de l'ambition et de l'avarice; tout cela était contraire aux véritables intentions de la reine; mais il semble qu'en certaines occasions les souverains, frappés de vertige, ne voient pas ce qui se passe autour d'eux, ou qu'ils se persuadent qu'on ne peut abuser de la confiance qu'ils donnent. La reine avait pourtant assez de preuves acquises pour pouvoir juger que son ministre Fonseca, indigne de l'épiscopat, était un homme faux, passionné, injuste et inhabile; et, malgré cela, elle le laissait toujours le maître de diriger à son gré les affaires de l'Inde; aussi l'île d'Haïti ou de Saint-Domingue, qui, bien administrée, aurait produit plus que toute l'Espagne, ne tarda pas à devenir pour le gouvernement espagnol une possession plutôt onéreuse qu'utile. La cour envoya cependant des instructions très-étendues pour policer les insulaires, les instruire et n'en faire qu'une nation avec les Castillans; mais ces instructions étaient inconciliables avec la division en départements; Ovando trouva le moyen de les éluder.

L'année suivante (1503), il lui fut donné avis que les habitants de Xaragua étaient disposés à la révolte, et que la sœur du cacique Beckio, mort depuis peu sans enfants, laquelle lui avait succédé, payée d'ingratitude par les Castillans qu'elle avait laissés s'établir dans ses États, et faisant succéder à son ancienne affection une haine implacable, méditait quelque dessein funeste pour se délivrer de ces hôtes incommodes. Ovando, sans se donner le temps de recevoir des informations plus sûres que celles qui lui étaient venues d'hommes suspects (c'étaient tous d'anciens complices de Roldan), partit avec trois cents fantassins et soixante-dix cavaliers, fut reçu par la reine avec les plus grandes marques d'amitié, invita cette princesse à une fête où il voulait, disait-il, cimenter la bonne intelligence entre les deux nations, la pressa d'y faire assister toute sa noblesse, tous les principaux habitants, arriva au moment où tous les insulaires étaient réunis, investit avec sa troupe la grande salle d'assemblée, et donna le signal convenu du massacre. Les fantassins firent main basse sur la multitude qui était venue sur la place pour jouir de l'aspect de la fête; les cavaliers mirent pied à terre, entrèrent dans la salle, se saisirent des conviés, qu'ils attachèrent à des poteaux, et mirent le feu à la maison; tous ces malheureux y furent brûlés. Quant à la reine, on la traîna à Saint-Domingue, où des juges iniques, mais dignes de l'exécrable Ovando, la condamnèrent à être pendue : ce qui fut exécuté. Si tout autre qu'Ovando se fût rendu coupable d'un tel acte de barbarie, il n'y aurait pas eu de supplice assez cruel pour le lui faire expier; mais Ovando était protégé par le ministre Fonseca : on le laissa se perpétuer dans son gouvernement, quoique les deux ans portés dans sa commission fussent expirés.

Les habitants des cantous éloignés et ceux des montagnes se soulevèrent au récit de cet odieux assassinat; mais des troupes furent envoyées contre eux; on en tua un grand nombre, et ceux qui échappèrent au feu des Castillans furent réduits en servitude et jetés dans les mines.

Ovando, après ce que l'historien Oviedo appelle une guerre, obligea tous les Espagnols qui habitaient le Xaragua de se réunir et de bâtir une ville qui, d'abord placée près du lac de Xaragua, fut ensuite transportée sur le bord de la mer sous le nom de *Sainte-Marie-du-Port;* mais celui d'*Yaguana*, que les insulaires donnaient à ce lieu, prévalut sur le nom espagnol, et c'est de *Yaguana* que les Français ont fait *Léogane*.

Cependant Christhophe Colomb était parti pour son quatrième et dernier voyage. Il découvrit d'abord la province de Honduras, et toujours trompé par l'idée qu'il devait rencontrer le Cathay et la Chine à peu de distance du lieu où il se trouvait, il manqua de découvrir l'Yucatan, dont il n'était qu'à environ cent vingt kilomètres, et probablement la côte du Mexique; il se borna à longer la côte en prenant sa route à l'est, et découvrit Porto-Bello et plusieurs autres ports. Il essuya bientôt après une tempête violente, fut en danger de périr par une trombe marine, entra dans la rivière de Veragua, fit reconnaître les mines d'or d'Urina, tenta de former en ce lieu un établissement que, faute de vivres, on dut abandonner, perdit deux navires, se vit au moment de perdre les deux autres, alla relâcher à l'île de Cuba, d'où il voulait gagner l'Ile Espagnole; mais le mauvais état de ses vaisseaux et les tempêtes qui se succédaient sur cette mer orageuse le contraignirent de s'arrêter à la Jamaïque, où il se trouva bientôt réduit à la plus cruelle extrémité, ayant à lutter contre le manque de vivres, le découragement de son équipage, les maladies, et, pour comble de maux, la révolte d'un de ses officiers qui entraîna tous les mécontents, c'est-à-dire la moitié au moins de ses gens.

L'amiral avait envoyé deux hommes à l'Espagnole pour demander du secours au gouverneur Ovando.

Ces deux envoyés, partis dans un canot, traversèrent non sans peine l'espace qui sépare les deux îles; mais il ne leur fut pas possible de retourner vers l'amiral. Ovando se conduisit en cette occasion avec toute la dureté d'un ennemi déclaré. Peu sensible à tout ce que lui dirent les deux messagers de Colomb, il ne donna que des réponses vagues; et ce ne fut qu'au bout de huit mois qu'il envoya un de ses affidés à la Jamaïque, pour assurer l'amiral qu'il était bien fâché de ne pouvoir encore le tirer de la situation où il se trouvait; qu'il ferait pour cela tout ce qui dépendrait de lui; qu'en attendant il le priait d'accepter, comme gage de son amitié, le présent qu'il lui envoyait : c'était un baril de vin et un cochon. Quel présent pour trois cents hommes mourants de faim !

Plusieurs mois se passèrent encore avant qu'Ovando se décidât à envoyer une caravelle à la Jamaïque et à laisser partir le navire que les envoyés de l'amiral avaient frété. Quand l'amiral fut arrivé à l'Espagnole, Ovando parut d'abord vouloir le dédommager par les honneurs qu'il lui rendit; bientôt après il se fit remettre l'officier rebelle que l'amiral avait laissé sur son bord, sous prétexte qu'il voulait informer sur tout ce qui s'était passé à la Jamaïque; mais à peine cet officier fut-il entre ses mains, qu'il lui rendit la liberté. L'amiral fut obligé de dévorer un affront qui devait lui paraître d'autant plus sensible, qu'il le recevait dans un lieu qui n'existait pour l'Espagne que par ses travaux et son génie. Il n'arriva qu'à la fin de l'année (1504) au port de San-Lucar, et comme si tout était désormais conjuré contre lui, la première nouvelle qu'on lui donna fut celle de la mort d'Isabelle, décédée le 9 novembre, la seule de laquelle il pût encore espérer justice et protection.

Cependant il fit tous ses efforts pour être rétabli dans sa charge de vice-roi; mais il n'y put réussir. Son principal ennemi, c'était le roi, qui ne l'avait jamais aimé, probablement parce qu'il s'était toujours adressé à la reine, et qu'au fond ce n'était que dans l'intérêt de la reine et de la Castille qu'il avait fait toutes ses découvertes. »

Ici le chevalier fut interrompu par Adolphe, qui ne pouvait s'expliquer la différence qu'on semblait mettre entre la reine et le roi, qui, suivant lui, ne devaient avoir que le même intérêt.

« Non, dit le chevalier, cet intérêt n'était pas le même; Ferdinand était roi d'Aragon; il possédait, outre l'Aragon, la Navarre, qu'il avait usurpée sur ses princes particuliers, la Catalogne, le beau pays de Valence, et même la Murcie. Isabelle était héritière du royaume de Castille, qui comprenait la Biscaye, les Asturies, la Galice, le Léon, l'Estramadure, la moitié de l'Andalousie et les deux Castilles; dans ce pays, de même qu'en Angleterre et dans beaucoup d'autres pays, les femmes pouvaient succéder à la couronne; en épousant un prince étranger, elles ne perdaient aucun de leurs droits, et leurs époux n'en acquéraient aucun sur leurs domaines. Ainsi Isabelle restait reine indépendante de Castille, comme Ferdinand restait roi d'Aragon ; mais les enfants nés de leur mariage devaient réunir les deux couronnes sur leur tête, et ce fut ce qui arriva. Ils n'avaient eu que deux enfants : Jean, qui mourut jeune, et Jeanne, qu'on a surnommée *la Folle* parce qu'elle ne jouissait pas constamment de la plénitude de sa raison. Jeanne épousa Philippe d'Autriche, fils de l'empereur Maximilien ; et de cette union naquit le fameux Charles-Quint, qui réunit toute l'Espagne sous son sceptre.

Après la mort d'Isabelle, Jeanne et Philippe se hâtèrent d'arriver ; dès que l'amiral en fut informé, il leur envoya son frère Barthélemy, qui fut très-bien reçu. On lui fit beaucoup de promesses ; mais l'amiral, déjà malade, n'en put voir l'effet ; il mourut avant même le retour de son frère.

Quelque temps auparavant la province de Higuey s'était de nouveau révoltée ; ses malheureux habitants, poussés à bout par les Espagnols et ne pouvant plus supporter les mauvais traitements qu'on leur faisait subir, tombèrent dans le désespoir, et le désespoir fit naître la rébellion, si l'on peut flétrir de ce nom les efforts généreux d'un peuple pour secouer le joug qu'on lui a imposé.

Plusieurs de ces sauvages montrèrent même un courage dont on ne les croyait pas capables. On comprit qu'il fallait peu de chose pour les aguerrir, et le temps seul leur manqua. La retraite du cacique ayant été découverte, on se saisit de sa personne, et, sans autre forme de procès, le cruel Ovando le fit pendre. Sa mort termina la guerre.

Ce gouverneur se maintenait toujours à son poste; il le devait aux envois considérables d'or qu'il faisait en Espagne. Les mines de Cibao et de Saint-Christophe fournissaient annuellement de quatre cent cinquante à quatre cent soixante mille marcs d'or. Cela fit naître dans l'esprit de plusieurs seigneurs le désir d'obtenir des *départements* dans l'Espagnole; ce qui leur fut accordé, malgré l'opposition d'Ovando, par l'archiduc Philippe, à qui les Indes restaient en propre par un traité fait avec Ferdinand, qui au surplus avait fortement recommandé et encouragé la culture de la canne à sucre.

Les travaux auxquels on condamnait les malheureux insulaires en avaient considérablement diminué le nombre. Un recensement fait en 1507 établit que ce nombre, dans l'île entière, était de soixante mille, à peu près la vingtième partie de ceux qui existaient au moment de la découverte suivant les calculs les plus modérés. Afin de remplacer ce vide énorme, le gouverneur envoya des navires aux Lucayes pour en enlever les habitants et les transporter à l'Espagnole; on employa d'abord la ruse, et quand la ruse ne trouva plus de dupes, on eut recours à la violence. Mais tout cela n'eut pour résultat que la dépopulation des Lucayes, sans aucun avantage pour l'Espagnole, où tous moururent en peu de temps d'ennui, de fatigue et de désespoir.

L'année suivante (1508), l'administration de la

justice et celle des finances furent séparées des attributions du gouverneur général, ce qui diminua beaucoup son autorité. Bientôt après, Ovando fut rappelé, et don Diègue Colomb, fils aîné de l'amiral, l'alla remplacer. Ce dernier avait vivement poursuivi la revendication des droits que lui attribuait la mort de son père à l'amirauté et à la vice-royauté des Indes, et il avait obtenu du conseil un arrêt rendu à l'unanimité, lequel jugeait fondées ses réclamations. Mais Ferdinand, qui avait repris l'administration depuis la mort de son gendre Philippe, faisait traîner en longueur l'instruction de l'affaire, afin d'en éloigner la solution. Don Diègue n'aurait jamais réussi peut-être sans deux événements : le premier fut son mariage avec la fille de Ferdinand de Tolède, frère du duc d'Albe et cousin germain du roi ; le duc d'Albe joignait au même titre de cousin celui de favori ; et ces deux seigneurs appuyèrent très-fortement les prétentions du jeune amiral. L'autre événement fut la brouillerie qui survint entre le ministre Fonseca et le gouverneur général Ovando.

Le titre de vice-roi fut supprimé dans la commission ; toutefois il lui fut très-souvent donné dans les actes publics. Quant à Marie de Tolède son épouse, elle fut toujours désignée sous le titre de vice-reine. La flotte partit de San-Lucar le 9 juin 1509 ; le 10 juillet elle entra dans le port de Saint-Domingue. La vice-reine amenait à sa suite assez un grand nombre de jeunes personnes qui épousèrent les principaux habitants, et ne contribuèrent pas peu à l'adoucissement de leurs mœurs.

Quelque temps après l'arrivée de don Diègue, la colonie de Saint-Domingue était montée au plus haut degré de splendeur. La cour de la vice-reine, nombreuse et brillante, répandait sur la ville un air de grandeur qui la mettait au niveau des plus belles villes de l'Espagne, et elle les surpassait toutes en richesses et en magnificence. Mais cet état ne se soutint pas, et quand une fois elle commença à décliner, la décadence fut aussi rapide que l'avait été l'accroissement. Plusieurs causes y contribuèrent; la principale fut d'avoir été le berceau de toutes les colonies qui se fondèrent soit dans les îles, soit dans le continent. Tant d'emprunts faits à sa population finirent par l'épuiser de bonne heure, et elle ne s'est pas relevée. »

CHAPITRE VII

Colonies sorties de Saint-Domingue. — Le chien Beresillo. — Établissement d'une cour souveraine. — Nègres à Saint-Domingue. — Arrivée des dominicains. — Création d'évêchés. — Débats sur la cause des Indiens. — Conquête de Cuba. — Las Casas. — Découverte de la Floride, du Yucatan, du Mexique. — Dépérissement des Indiens d'Haïti.

« Don Diègue, en partant d'Espagne, avait reçu l'ordre de faire un établissement à Cubagua, ou l'*île des Perles*. Dès qu'on eut connaissance de ce projet et de l'exécution que le gouverneur voulait y donner, un grand nombre d'habitants de l'Ile Espagnole, et particulièrement de Saint-Domingue, s'offrirent à lui pour faire partie de l'expédition ; mais cet établissement dut être abandonné au bout de quelques années, car les perles disparurent entièrement des côtes de Cubagua. La plupart des habitants se retirèrent à la Marguerite, où ils furent contraints de se livrer à la culture du tabac. On trouve bien encore de temps en temps quelques perles dans ces mers ; mais c'est fort loin de la Marguerite, et les perles n'en sont pas estimées.

Quelques mois avant la formation de l'établissement de Cubagua, une colonie avait été envoyée à l'île de Porto-Rico. Ce fut Jean Ponce de Léon que le gouverneur général Ovando chargea d'y conduire les milices de Saint-Domingue, tandis que lui-même fondait des villes nouvelles dans l'île Espagnole. Jean Ponce y trouva de l'or, et sur les montres qu'il en apporta au gouverneur, la conquête de l'île fut résolue. Très-peu de temps après, Ovando fut rappelé ; cette circonstance ajourna la conquête, qui ne put avoir lieu qu'en 1510, non sans beaucoup de peines et de fatigues.

Deux choses singulières m'ont été racontées à Saint-Domingue, dit le chevalier en s'interrompant ; et, bien qu'elles ne regardent que Porto-Rico, je veux, en votre faveur, suspendre pour un instant le cours de ma narration. Voici la première :

Les insulaires en général, et même les habitants du continent américain, quoique plus avancés, crurent, en voyant les Espagnols, que ces hommes descendaient du ciel et qu'ils étaient immortels, ce qui signifiait qu'ils ne pouvaient pas mourir; et cela explique la rapidité de leurs conquêtes; mais comme tous ces conquérants n'étaient que la lie de la nation espagnole, et qu'ils abusaient partout d'une manière révoltante de leur supériorité sur les malheureux sauvages, ceux-ci ne tardèrent pas à chercher les moyens de secouer le joug. Ce fut ce qui arriva dans Porto-Rico.

Les caciques et les principaux habitants de l'île se réunirent tous bien décidés à rompre leurs chaînes. Mais avant de rien entreprendre il fallait s'assurer d'un fait essentiel : ces étrangers étaient-ils mortels ou non ! Le cacique Braïo fut chargé de le vérifier. L'occasion s'en présente bientôt. Un jeune Espagnol nommé Salcedo, étant en voyage, passa chez le cacique, qui le reçut de la façon la plus amicale et le retint chez lui plusieurs jours. Quand Salcedo voulut continuer sa route, Braïo lui offrit de le faire accompagner par quelques-uns des siens qui porteraient son bagage. Salcedo accepta l'offre. Après avoir cheminé une heure ou deux, on arriva sur le bord d'une rivière où il y avait de l'eau jusqu'à la ceinture. Les guides de Salcedo lui proposèrent de monter sur leurs épaules afin de passer l'eau. Salcedo ne se fit point prier. Quand ses deux porteurs furent arrivés au milieu de la rivière, ils eurent l'air de faire un faux pas, et, conformément aux ordres que Braïo leur avait donnés, ils le laissèrent tomber dans l'eau; aussitôt tous les insulaires qui formaient l'escorte le saisirent et la tinrent plongé au fond de la rivière jusqu'à ce qu'il ne remuât plus. Ils le tirèrent alors à terre, lui demandant pardon de l'avoir laissé si longtemps dans l'eau, prétendant qu'il ne leur avait pas été possible de l'en retirer plus tôt ; et tout en parlant ainsi ils pleuraient, ils hurlaient, comme s'ils avaient été les gens les plus affligés. Cela dura trois à quatre jours, pendant lesquels ils ne cessaient de le tourner et retourner pour voir s'il ne donnerait pas quelque signe de vie. Au bout de ce temps ils donnèrent avis à leur maître de ce qu'ils avaient fait. Braïo ne s'en tint pas à ce qu'ils lui dirent ; il alla s'assurer par ses yeux de la mort de Salcedo. Il assembla aussitôt les caciques, et le résultat de la certitude qu'ils venaient d'acquérir fut le massacre d'une centaine d'Espagnols pris au dépourvu et pendant leur sommeil.

Ponce de Léon vengea la mort de ses hommes d'une manière terrible ; et c'est ici que se rapporte la seconde anecdote qui m'a été racontée.

De tous ses soldats, aucun ne lui fut si utile que son chien Beresillo, qui seul faisait plus de besogne que quatre soldats ; sauter sur un homme, le prendre à la gorge, l'étrangler ou lui ouvrir l'artère, c'était pour Beresillo l'affaire d'un instant ; aussi percevait-on pour lui la paie d'arbalétrier, qui était la plus forte. Il mourut sur le champ de bataille. Plusieurs années après la conquête de Porto-Rico, des Caraïbes étant venus faire une descente dans cette île pour y enlever quelques habitants, y trouvèrent au lieu de ceux-ci les Espagnols et Beresillo. Un grand nombre de ces cannibales furent tués, les autres se hâtèrent de se rembarquer. Beresillo, échauffé par le combat, se jeta à la nage pour poursuivre les Caraïbes, mais il fut atteint d'une flèche qui lui traversa le corps.

Cet animal avait un prodigieux instinct; il distinguait très-bien les amis des ennemis, et il paraît, par le trait suivant, que la soumission apaisait sa colère. Une vieille femme avait refusé quelque service aux Espagnols; ils résolurent de la faire dévorer par Beresillo. Pour cela, ils la chargèrent de porter une lettre au commandant d'un poste où se trouvait le chien redoutable. Aussitôt que celui-ci l'aperçut, il s'élança vers elle, la gueule ouverte; la pauvre femme ne perdit point la tête, elle montra la lettre au chien, prit une posture suppliante, et d'un ton analogue elle lui dit : « Seigneur chien, je vais porter cette lettre à vos maîtres; je vous prie de ne me faire aucun mal. » Le chien s'arrêta, flaira la lettre et l'insulaire à demi morte de frayeur, puis s'en alla sans lui avoir fait aucun mal.

Reprenons maintenant la suite de notre histoire.

L'amiral voulait profiter des découvertes que son père avait faites à son dernier voyage; mais l'évêque Fonseca, toujours en grand crédit, avait fait donner à Ojeda, qui se trouvait alors dans l'Île Espagnole, la commission de reconnaître le continent et d'y faire quelque établissement comme prise de possession. Cette mesure était un véritable empiétement sur les droits qu'il tenait de son père ; mais il ne put que s'emparer de la Jamaïque. Au fond, don Diègue n'était pas aimé à Saint-Domingue. On s'était attendu à ce qu'il chercherait à gagner le cœur des indigènes en abolissant les départements. Tous les gens de bien l'auraient approuvé ; mais la cour était intéressée à leur conservation, et le gouverneur en pouvait retirer de grands profits. Il laissa donc les choses sur l'ancien pied, se contentant d'ôter des départements à ceux qui lui étaient suspects pour les donner à ses amis ; ce qui souleva contre lui beaucoup de personnes. Des plaintes parvinrent à Ferdinand, qui n'y fit pas grande attention, parce que, quels que fussent les possesseurs des départements, ses droits étaient toujours les mêmes. Ce qu'il voulait, c'était de diminuer l'autorité du gouverneur général, auquel il avait déjà ôté le titre de vice-roi. Il établit donc à Saint-Domingue une cour souveraine sous le nom d'*audience royale*, que portaient toutes les cours souveraines de l'Espagne, et lui donna le pouvoir de connaître par la voie de l'appel des sentences rendues par le gouverneur. Celui-ci se plaignit de ce que, par cette institution, on lui donnait un supérieur dans son gouvernement ; mais Ferdinand, toujours dominé par Fonseca, ne fit nulle attention à ses remontrances.

Cependant le nombre des indigènes allait toujours diminuant d'une manière effrayante ; on tenta, pour les remplacer, d'enlever des Caraïbes, mais on ne réussit pas ; on fut obligé d'avoir recours aux nègres d'Afrique. On en avait déjà introduit quelques-uns à Saint-Domingue dès le temps d'Ovando ; mais ils n'y étaient que tolérés : Ovando craignait que les nègres, naturellement fiers et indociles, ne finissent par se révolter s'ils devenaient trop nombreux ; il prévoyait ce qui est arrivé trois siècles plus tard.

Vers le même temps on vit arriver à Saint-Domingue plusieurs religieux de l'ordre de Saint-Dominique, dont le zèle, fortement soutenu par don Diègue, ne fut pas inutile aux malheureux insulaires. Les concessionnaires des départements croyaient avoir rempli tous leurs devoirs en faisant baptiser, sans aucune instruction préalable, les Indiens qui leur étaient échus en partage. Les dominicains s'élevèrent avec force contre cet abus; ils établirent des catéchismes pour les enfants des colons et pour les insulaires, chez lesquels ils trouvèrent beaucoup de docilité. Encouragés par les succès qu'ils avaient obtenus, ils voulurent attaquer les départements; mais ils se firent par là de nombreux ennemis.

On a vu Ojeda passer en Amérique avec une commission particulière ; on lui avait adjoint don Diègue Nicuessa, avec lequel il devait partager la gloire et les périls du voyage, de même que le gouvernement des pays conquis, de sorte que chacun d'eux eût dans son gouvernement tout ce qu'il aurait découvert. Arrivés ensemble à la Jamaïque, ils avaient commencé par se disputer la possession de cette île. L'amiral-gouverneur, informé de leur querelle, y mit promptement fin en y envoyant des troupes qui s'en emparèrent pour son compte. Au bout de quinze mois Ojeda vint mourir seul et abandonné de tous à Saint-Domingue.

Quant à Nicuessa, repoussé de son propre gouvernement par les Espagnols, il fut embarqué avec dix-sept hommes sur un mauvais brigantin, et on lui dit d'aller où bon lui semblerait; on n'entendit plus parler de lui; il est à présumer que son bâtiment périt.

L'année suivante, sur la demande du roi, le pape Jules II créa un archevêché et un évêché pour l'Ile Espagnole; mais les bulles n'ayant pas été expédiées, les choses en demeurèrent là; peut-être craignait-on qu'un métropolitain, favorisé par son éloignement de Rome, ne s'érigeât en patriarche indépendant; en effet, lorsque Ferdinand reprit cette affaire et qu'il eut proposé de nommer trois évêques qui seraient suffragants de Séville, cela fut accordé sans difficulté. Il était fâcheux que cette mesure n'eût pas été prise plus tôt, car la race des indigènes était près de s'éteindre. Les pères de Saint-Dominique déclamèrent de nouveau contre le régime destructif auquel ils étaient soumis, c'est-à-dire contre l'usage des départements; ils s'attirèrent par là l'animadversion des possesseurs, et par contre-coup celle des franciscains, qui toléraient comme licite ce que les dominicains regardaient comme un crime passible de toutes les censures ecclésiastiques.

Le conseil, auquel l'affaire fut déférée, déclara

que, par provision et en attendant un plus ample examen, les Indiens seraient réputés libres et traités comme tels, mais que les départements resteraient sur le pied où ils se trouvaient. C'était reconnaître le droit de ce peuple à la liberté, tout en le retenant dans le plus dur esclavage.

Pendant que la cause des insulaires se jugeait en Espagne, l'amiral songeait à s'assurer la possession de l'île de Cuba, craignant que, s'il n'y formait bientôt un établissement, on n'en donnât la commission à un autre ; ce qui aurait distrait cette île de son gouvernement. Il y envoya donc son lieutenant don Diègue Velasquez pour la conquérir, y bâtir une ville et la gouverner. Velasquez s'était fait dans Saint-Domingue une grande réputation de capacité et de probité ; aussi, dès qu'on eut appris qu'il était question d'une expédition commandée par lui, plus de trois cents volontaires accoururent de toutes les parties de l'île pour se ranger sous ses drapeaux, sans compter les troupes que lui donna l'amiral. Il ne fallut que quelques semaines pour soumettre les insulaires de Cuba. Plus heureux que ceux d'Haïti, ils reçurent dès les premiers temps de la conquête les lumières de l'Évangile. Ce fut le licencié Barthélemy de Las Casas, si fameux depuis par son zèle pour la conversion des Américains, qui leur annonça le premier la parole divine. Il les trouva même si dociles, qu'il ne craignait pas de dire qu'il était bien plus facile de faire des chrétiens de ces sauvages grossiers, que d'obliger les Espagnols à vivre chrétiennement; son zèle, d'ailleurs, se montrait si pur et si désintéressé, sa charité si compatissante et si active, sa vie si régulière et si exemplaire, sa constance à défendre les intérêts des vaincus contre les vainqueurs si ferme et si persévérante, que tous les insulaires lui montraient une confiance aveugle : aussi fut-il d'un grand secours à la colonie, qui n'échappa plus d'une fois à sa ruine que par l'ascendant qu'avait sur les esprits le pieux licencié.

A cette même époque (1512) Jean Ponce de Léon, à qui la cour avait donné un successeur dans le gouvernement de Porto-Rico, équipa deux navires à ses frais et partit pour faire des découvertes. On prétend qu'il avait pris pour une vérité le conte qui se débitait d'une fontaine de l'île de *Bimini*, une des Lucayes, de laquelle les eaux avaient la vertu de rajeunir les vieillards. Ce fut, dit-on, à la recherche de cette source merveilleuse qu'il courut à travers cet immense archipel, abordant à toutes les îles, goûtant à toutes les eaux, et se trouvant toujours le même, c'est-à-dire plus vieux qu'il n'aurait voulu. Tout en cherchant cette fontaine de Jouvence, il découvrit le continent, aborda une plage toute couverte au loin de verdure et de fleurs; il donna à cette contrée le nom de *Floride*, qu'elle conserve encore.

Les débats sur l'affaire des départements d'Indiens avaient été repris, et de part et d'autre on avait discuté avec beaucoup de chaleur. Le roi crut qu'il pourrait diminuer le mal, s'il n'était pas possible de l'anéantir tout à fait, en créant un *distributeur de départements*. C'était encore une usurpation sur les droits positifs de l'amiral ; aussi celui-ci se rendit-il en Espagne afin d'obtenir justice. On profita de son absence pour trafiquer des départements. Le distributeur avait commencé par annuler tous ceux qui existaient, à l'exception de ceux qui avaient été donnés par le roi; tous les autres furent mis à l'enchère et livrés au plus offrant.

Sur ces entrefaites, le digne Las Casas se rendit de Cuba à l'Ile Espagnole, et, comme on peut le croire, il fit cause commune avec les dominicains ; ne pouvant se persuader que le roi connût la vérité, il se détermina à passer en Espagne afin d'y plaider lui-même pour les malheureux Indiens; mais, peu de temps après son arrivée, Ferdinand, dit le Catholique, quoiqu'il ne méritât guère ce nom, mourut à Madrigalejos, le 23 janvier 1516. Las Casas obtint pourtant du cardinal Ximenès, qui gouvernait alors l'Espagne, la faculté de faire un règlement qui ménageât les intérêts des Indiens sans blesser trop profondément ceux des Espagnols, et en même temps de choisir des hommes capables de faire exécuter ce règlement. Comme les dominicains et les franciscains avaient des opinions tout à fait opposées, Las Casas crut devoir exclure les uns et les autres, et il nomma des hiéronymites.

Le règlement portait sur trois points principaux : instruire les insulaires dans la foi catholique, les occuper, les mettre en état de payer à la couronne le tribut qui leur avait été imposé. Pour cela il était statué que les insulaires seraient séparés des Espagnols, qu'ils se réuniraient dans des villages, que chaque village aurait un missionnaire revêtu de l'autorité nécessaire pour rendre son ministère efficace, que chaque famille aurait un héritage qu'elle cultiverait à son profit, que le tribut serait taxé selon la qualité du terrain. Il était enjoint aux commissaires de licencier tous les insulaires des départements donnés par le feu roi aux ministres et seigneurs de sa cour, en tête desquels figurait le fameux Fonseca, qui avait changé son évêché de Badajoz contre celui de Palencia, et celui de Palencia contre celui de Burgos.

Les commissaires en arrivant tinrent une conduite tout opposée à celle que Las Casas avait attendue, de sorte qu'après de vifs démêlés avec eux il reprit la route de l'Espagne. Le cardinal Ximenès était mort, et Fonseca était revenu au pouvoir; d'un autre côté, les seigneurs dépossédés par le cardinal se plaignaient au nouveau souverain; aussi Las Casas eut-il beaucoup de difficultés à vaincre; mais sa persévérance finit par triompher. Charles n'eut pas plutôt pris possession de ses royaumes, qu'il s'occupa sérieusement d'améliorer le sort des Américains. Les pères de Saint-Jérôme rendirent hommage à leur tour aux intentions bienfaisantes de Las Casas. Ils avaient enfin reconnu que le système de réunir les insulaires en bourgades n'était pas seulement praticable, mais qu'il devenait même nécessaire, si on voulait les conserver.

L'Ile Espagnole commençait à prendre une face nouvelle, lorsqu'un fléau jusqu'alors inconnu dans ces régions vint fondre sur les grandes Antilles et y causer de si cruels ravages, qu'elles restèrent presque entièrement dépeuplées : c'était la petite vérole, présent funeste des Espagnols aux habitants du nouveau monde, en échange de l'or qu'ils en avaient reçu. Ce qui rendit surtout cette maladie mortelle, c'est qu'à mesure qu'ils se sentaient attaqués, ils allaient se plonger dans la rivière, ce qui était infailliblement suivi de la mort. A cette cruelle maladie, qui porta un coup mortel à la colonie de l'Espagnole, succéda un autre fléau qui, bien que n'ayant qu'une cause en apparence légère, ne laissa pas de produire des résultats très-fâcheux. Il parut tout à coup dans Saint-Domingue et dans Porto-Rico une quantité de fourmis si prodigieuse, que la terre en fut toute couverte. Celles de Porto-Rico avaient des aiguillons dont la piqûre était plus douloureuse que celle de l'abeille. Dans l'Espagnole elles n'étaient pas aussi bien armées, mais elles n'en commirent pas moins beaucoup de dégâts. Tous les orangers, les cannes à sucre et toutes les plantes légumineuses moururent. Une infinité d'arbres séchèrent sur pied. On prétend que les œufs de ces insectes formaient des tas d'un mètre de haut, et que l'on avait beau y mettre le feu, le lendemain on voyait reparaître autant de fourmis qu'on en avait vu la veille.

Cependant la cause des Indiens occupait toujours les esprits en Espagne; il y eut un grand nombre de conférences, dont plusieurs furent tenues en présence du roi. Enfin, après bien des discussions, bien des discours de part et d'autre, on ne conclut rien, parce que Charles-Quint était au moment de partir pour aller recevoir la couronne impériale d'Allemagne, et qu'il déclara qu'avant de rien statuer il désirait réfléchir sur une affaire qui lui semblait plus importante qu'il ne l'avait d'abord pensé.

Pendant que tout cela se passait en Espagne, et tandis que l'amiral, absent depuis trois ans de son gouvernement, poursuivait inutilement à la cour la reconnaissance de ses droits, toujours traversé par l'évêque Foncesa, on poussait les découvertes sur le continent, et le gouverneur de Cuba, Diègue Velasquez, que l'absence de l'amiral semblait convier à l'indépendance, profitait de l'état florissant où se trouvait son île pour tâcher d'étendre son gouvernement en conquérant de nouvelles provinces, ou de se fortifier à Cuba en y important des esclaves enlevés sur le continent. François Fernandez de Cordoue fut chargé d'une première entreprise, et il découvrit le Yucatan et la baie de Campêche; mais ayant voulu tenter d'aborder, il eut à soutenir plusieurs combats avec les sauvages, qui lui tuèrent la moitié de ses gens et blessèrent tous les autres; il fut obligé de retourner à Cuba sans avoir retiré beaucoup de fruit de ses découvertes.

Une seconde expédition dans le Yucatan ne fut guère plus féconde en résultats heureux. Seulement un des soldats castillans, étonné de voir un pays bien cultivé, des villages réguliers, des édifices en pierre essez bien bâtis, s'écria sans intention qu'*il se croyait dans une nouvelle Espagne;* ce mot, dit au hasard, passa de bouche en bouche, et le nom de Nouvelle-Espagne est resté à cette vaste contrée. L'expédition, ayant poussé plus avant, arriva jusqu'à une côte qui reçut le nom de Saint-Jean-d'Ulua (d'Ulloa); on y trouva beaucoup d'or. Ce fut sur cette côte que les Castillans entendirent parler pour la première fois du Mexique et de Montezuma. On leur dit que ce prince, très-exactement informé de leur arrivée, avait ordonné aux commandants de ses frontières d'aller au-devant des Espagnols, de leur porter de l'or pour traiter, et de tâcher de découvrir quels étaient leurs desseins. Et l'on n'a pas manqué de dire que Montezuma avait un pressentiment des malheurs qui l'attendaient; mais ce pressentiment n'était autre chose que la crainte que lui avait inspirée tout ce qu'il avait entendu raconter de ces étrangers, de leurs grands vaisseaux, de leurs armes meurtrières, et surtout de leur *tonnerre.*

Le chef de l'expédition aurait bien voulu former un établissement dans un pays qui lui semblait si fertile et si riche en or; il s'était contenté de faire en plusieurs lieux des actes de prise de possession au nom de Velasquez. Il crut qu'avant de rien entreprendre il avait besoin de nouveaux ordres, puisqu'il lui avait été expressément défendu de faire aucun établissement dans le pays qu'il découvrirait. Ce qu'il y eut de plus surprenant, ce fut sans doute de voir Velasquez s'emporter contre un officier dont tout le crime était d'avoir exécuté ses ordres. Il parut indigné de ce qu'on n'avait pas construit une seule forteresse pour s'assurer une entrée dans ce pays et en même temps une retraite en cas de malheur; et, sans prendre conseil que de son humeur, il résolut de former sur-le-champ un autre armement, dont il donnerait le commandement à un autre. Quand son lieutenant fut de retour à Cuba, il le reçut fort mal, et lui fit publiquement des reproches très-durs, auxquels l'officier répondit en lui montrant l'ordre qu'il lui avait donné. Velasquez n'avait rien à répliquer; aussi n'en fut-il que plus irrité, comme cela se voit de tous les hommes déraisonnables qui ne veulent rien entendre, et qui se fâchent d'autant plus qu'on leur montre qu'ils ont tort.

Le choix de Velasquez, dirigé par son secrétaire intime et par le trésorier royal, tomba sur l'homme qui pouvait le mieux convenir sous le rapport du courage, de l'intrépidité, du génie militaire, mais qui convenait le moins à ses vues particulières; car Velasquez voulait un homme de cœur, non ambitieux, ne cherchant que la gloire d'autrui, indifférent à la sienne, subordonné à tous ses désirs, à toutes ses volontés; et celui qu'il désigna fut Fernand Cortez, c'est-à-dire le plus ambitieux de tous les hommes, lequel, après avoir été plusieurs fois brouillé avec le gouverneur, avait fini par devenir son favori.

On dit qu'un jour le gouverneur et Cortez, déjà

nommé capitaine général de l'expédition, se promenant ensemble, un de ces hommes qui, sous prétexte de folie, ont le privilége de tout dire sans qu'on s'en fâche, les ayant vus ensemble, se mit à crier : « Velasquez a fait un beau coup ! il a donné sa flotte à Cortez ; il lui en faudra bientôt une seconde pour courir après la première. — Entendez-vous ce que dit cet homme ? demanda le gouverneur. — C'est un fou qui parle, » répondit Cortez.

L'événement prouva bientôt que le fou avait parlé très-sensément.

Cortez, en effet, ne tarda pas à secouer toute dépendance ; dès que la flotte fut équipée, il se hâta de s'embarquer et de s'éloigner, de peur que Velasquez ne revînt sur ses pas, comme il avait déjà tenté de le faire. Au fond, n'était-il pas juste que Velasquez, traître à son général et obtenant de la cour, par le canal de Fonseca, la charge d'adelantade avec le gouvernement de Cuba et de toutes les terres de la Nouvelle-Espagne qui seraient découvertes, fût puni à son tour par la trahison de son serviteur (1518) ?

Les nouvelles acquisitions des Castillans sur le continent portèrent un coup mortel à la prospérité de l'Ile Espagnole, parce que le plus grand nombre de ses habitants, ne trouvant plus les moyens de s'y enrichir, allaient tenter la fortune à Cuba, à Porto-Rico, à la Jamaïque, où s'embarquaient avec les chefs des diverses expéditions qui avaient pour objet la découverte du continent. Le mal venait de ce que la race indigène était presque éteinte, et que par conséquent on manquait de bras pour l'exploitation des mines, qui étaient encore loin d'être épuisées, mais qui ne donnaient plus leurs produits qu'au travail des mineurs : et, quoique naturellement plus robustes que les insulaires, les Espagnols, amollis et énervés par le climat, affaiblis et épuisés par la débauche, ne pouvaient se charger d'un aussi pénible travail. Il arriva de là que le peu d'insulaires qui restaient d'un million et demi d'habitants, se laissant aller au désespoir et s'étant retirés dans les montagnes, résistèrent pendant treize ans à tous les efforts des Espagnols, qu'ils furent même sur le point d'expulser de leur île,

CHAPITRE VIII

Le cacique Henri. — Il ne peut obtenir justice, se retire dans les montagnes, réunit autour de lui un parti d'indigènes. — Comment il use de la victoire, discipline ses troupes, se rend redoutable. — On lui propose la paix. — L'amiral retourne à Saint-Domingue. — Las Casas y revient aussi. — Les Indiens de Cumaná se révoltent. — Rappel de l'amiral. — Sa mort. — Sort de sa famille.

Il y avait dans la ville de Saint-Jean de Maguana un jeune Espagnol, nommé Valenzuela, qui venait d'hériter (1519), à la mort de son père, d'un département d'Indiens qui avaient pour chef un cacique chrétien, nommé Henri, dont les ancêtres avaient régné dans les vallées de Baoruco. Comme la reine

Isabelle avait fortement recommandé que les enfants des caciques fussent élevés avec soin, le jeune cacique de Baoruco avait reçu l'instruction, dès son enfance, dans le couvent des franciscains de la Vera-Paz, dans la province de Xaragua. L'intention de la reine était qu'après avoir reçu l'instruction convenable, les jeunes caciques fussent employés aux choses pour lesquelles ils montreraient le plus d'aptitude; mais cette partie de l'ordonnance royale ne fut point exécutée; et au sortir des écoles les caciques étaient, comme leurs sujets, compris dans les départements.

Henri était de haute stature, d'une belle physionomie, d'un caractère aimable et doux; il avait acquis sans peine beaucoup de connaissances, et son air de franchise, sa modestie, sa piété sincère, prévenaient en sa faveur. Personne peut-être ne méritait moins que lui le sort auquel il se trouvait réduit, mais il le supportait avec résignation, et il servait fidèlement son maître; après la mort de celui-ci, sa condition devint insupportable. Le jeune Valenzuela lui fit éprouver les traitements les plus durs. Henri se plaignit, mais il ne fit que rendre sa condition pire. Comptant que le commandant de Saint-Jean lui rendrait justice, il alla la lui demander; et pour toute réponse le commandant le menaça de le faire punir sévèrement s'il lui arrivait encore de parler contre son maître. Henri eut recours à l'audience royale, et tout ce qu'il en obtint, ce fut une lettre fort vague de recommandation pour le commandant, qui, bien convaincu qu'on le laissait maître d'agir comme il l'entendrait, fit au cacique un accueil plus rude encore que la première fois.

Valenzuela, se voyant soutenu, se vengea des démarches de Henri en le maltraitant davantage. Henri gagna sur lui de souffrir en silence un mal qu'il ne pouvait empêcher, pendant tout le temps que son service devait durer encore. Un règlement antérieur limitait ce temps à quelques mois de l'année, et ce règlement s'exécutait encore, grâce à l'intervention des PP. de Saint-Jérôme, qui l'avaient exigé en leur qualité de commissaires.

Dès que le terme fut expiré, Henri trouva le moyen de s'éloigner, et il emmena bon nombre de ses gens, auxquels il promit de les délivrer du joug espagnol s'ils voulaient s'attacher à sa fortune; il se retira dans les montagnes de Baoruco, où, bien pourvu d'armes qu'il s'était procurées secrètement, il attendit qu'on vînt l'attaquer. Valenzuela n'eut pas plutôt appris son départ, qu'il se mit à sa poursuite avec quinze à vingt Espagnols. Après quelques recherches, il découvrit le lieu qui servait de retraite au cacique; il se hâta de s'y rendre, ne croyant pas possible que le cacique osât lui résister. Dès que celui-ci l'aperçut, il s'avança seul vers les Espagnols; et lorsqu'il fut assez près pour qu'on pût l'entendre, il dit à Valenzuela que lui et les siens avaient juré de ne plus servir les Espagnols, et qu'ils périraient tous plutôt que de trahir leur serment. A ces mots, Vaenzuela, rempli de fureur, donna ordre à ses gens de saisir le cacique. Celui-ci évita leur atteinte, et, se plaçant en tête de sa petite troupe, il chargea les Espagnols avec tant de vigueur, qu'il en tua deux de sa main, et que cinq ou six autres tombèrent sous les coups des insulaires. De ce nombre fut Valenzuela lui-même, qu'une blessure à la tête avait renversé. Les Indiens allaient l'achever; Henri les retint, et, s'adressant à son ancien maître : « Allez, lui dit-il, et rendez grâce à Dieu de ce que je vous laisse la vie et ne vous rends pas le mal pour le mal. »

La nouvelle de la révolte du cacique Henri ne tarda pas à se répandre dans l'île. L'audience royale crut devoir arrêter le mal dans sa source; elle ordonna qu'on fît marcher quatre-vingts hommes contre le cacique. Celui-ci, prévenu à temps, se retrancha dans un bois d'un accès très-difficile, où les Espagnols n'arrivèrent qu'à moitié épuisés par la fatigue et la chaleur; une charge un peu vive, au moment où ils ne s'y attendaient pas, les eut bientôt mis en désordre. Plusieurs furent tués, tous les autres prirent la fuite, plus ou moins blessés. Si le cacique avait donné l'ordre de les poursuivre, il ne s'en serait pas sauvé un seul. Cette victoire valut au cacique une grande réputation de courage et d'habileté, et lui donna beaucoup de soldats, qui arrivaient de tous les côtés de l'île. Henri les arma le mieux qu'il put le faire; il s'attacha surtout à les discipliner, à leur enseigner l'exercice des armes européennes, qu'il avait grand soin de recueillir à la suite de chaque action, où quelques soldats espagnols restaient toujours sur le champ de bataille. Comme il sentait que ses hommes avaient besoin de s'aguerrir, il les faisait toujours tenir sur la défensive, derrière des retranchements; et quand les Espagnols étaient forcés de reculer, il sortait à la tête des siens en bon ordre, et sans leur permettre de se débander; enfin, toujours vainqueur, il se rendit si redoutable, que les soldats espagnols ne marchaient plus que par contrainte contre ces hommes, que quelques mois auparavant ils daignaient à peine distinguer des bêtes.

On envoya souvent contre lui des corps de troupes, et la victoire, grâce au bon ordre qu'il avait établi, lui resta toujours fidèle. Ce qui lui fit non moins d'honneur que ses victoires mêmes, ce fut la modération qu'il montra toujours après avoir vaincu. Dans une occasion, à la suite d'une action meurtrière où beaucoup d'Espagnols périrent, soixante et onze fuyards, se sentant suivis de près, se réfugièrent dans une caverne qui se trouva sur leur route. Ils y furent découverts par un parti d'insulaires, qui aussitôt en bouchèrent toutes les issues avec du bois, et s'apprêtèrent à y mettre le feu. Henri arriva sur ces entrefaites, fit ouvrir l'entrée de la caverne, et laissa les Espagnols se retirer où ils voulurent, se contentant de prendre leurs armes.

Sa troupe grossissait tous les jours; les nègres mêmes désertaient par bandes pour l'aller joindre. Les Espagnols ne pouvaient se persuader que le cacique eût le dessein de rester longtemps encore sur la défensive; ils s'attendaient à être attaqués d'un moment à l'autre, et comme son nom seul inspirait la terreur, beaucoup d'habitations, de bourgades et même de villes furent abandonnées par leurs habitants.

Dans cette extrémité fâcheuse, on crut devoir tenter les voies de la négociation. Le P. Rémi, franciscain, qui avait été un des instituteurs du cacique, et qui connaissait son bon naturel et sa piété, offrit de se rendre auprès de lui, pourvu qu'on le mît en état de lui faire des propositions raisonnables. On le chargea de promettre amnistie générale pour le passé, et exemption de travail pour l'avenir. Le religieux se rendit seul aux montagnes ; quelques sujets de Henri l'ayant aperçu, se saisirent de sa personne et le laissèrent nu sur le rivage, en lui disant : « Tous les Espagnols sont des traîtres. Vous n'êtes qu'un espion, et vous devez vous estimer heureux que nous ne vous traitions pas comme tel. » Heureusement le cacique faisait sa ronde; averti de ce qui se passait, il accourut en toute hâte de peur qu'il n'arrivât quelque accident fâcheux. Touché de l'état où il le voyait, il ne put retenir ses larmes, et l'embrassant tendrement il lui demanda pardon pour ses gens. Le missionnaire exposa pour lors les propositions de paix qu'il lui apportait. Henri ne se montra pas insensible aux marques d'intérêt que lui donnait le bon religieux; quant aux propositions que lui faisaient faire les Espagnols, il lui répondit que l'on ne pouvait raisonnablement se fier à la parole de gens qui n'avaient jamais gardé la foi jurée ; qu'au fond il ne voulait pas attaquer les Espagnols, mais qu'il entendait maintenir son indépendance dans ces montagnes; que pour ce qui concernait la religion, il ne la rendrait jamais responsable des violences et des brigandages de ceux qui la professaient, ou qui du moins le disaient. Le P. Rémi fit encore de nouveaux efforts, mais il ne put rien gagner sur Henri. « Si j'étais seul, lui dit ce dernier, je pourrais encore, plein de confiance en vos paroles, me livrer à ces barbares étrangers qui ont brûlé vifs mon père et mon aïeul à Xaragua, sous l'odieux prétexte d'une fête; mais je réponds à Dieu du salut de tous ces hommes que sa divine providence m'a confiés. Je ne tromperai pas leur espoir. » Après ces mots, Henri reconduisit le religieux jusqu'au bord de la mer, où l'attendait la barque qui l'avait amené; et, après l'avoir encore embrassé, et assuré de sa reconnaissance éternelle pour tous les soins qu'il avait donnés à son enfance, il prit congé de lui, retourna auprès des siens, bien résolu à ne rien négliger pour consolider son indépendance.

Ce fut vers ce temps (1520) que l'amiral don Diègue, qui n'avait cessé de solliciter son rétablissement dans tous les droits de ses charges et de sa vice-royauté, ayant obtenu du moins en partie ce qu'il demandait, arriva, sans qu'on l'attendît, à Saint-Domingue. Son retour ne fut agréable qu'à bien peu de personnes; il contraria beaucoup tous ceux dont l'autorité se trouvait diminuée par la présence d'un *amiral vice-roi des Indes*, ou subordonnée à une autorité supérieure. Don Diègue, de son côté, se mit peu en peine de gagner ceux qui lui avaient montré de l'éloignement ou de l'aversion, et il débuta par un acte qui justifia les craintes d'un assez grand nombre d'individus. Tous ceux qu'il avait nommés à des gouvernements particuliers, oubliant qu'ils lui devaient leurs places, avaient cherché à se rendre indépendants; il voulut leur faire sentir qu'il était encore leur supérieur; et non-seulement il envoya d'autres officiers pour les remplacer, mais encore il chargea ces mêmes officiers de leur faire rendre compte de leur administration; et comme son représentant dans l'île de Cuba éprouva des difficultés de la part des créatures de Velasquez, il s'y rendit en personne, ce qui déconcerta les mutins; cependant, après avoir reçu les comptes de Velasquez, il le rétablit dans sa charge.

Las Casas, de son côté, avait obtenu de Charles-Quint et du cardinal Adrien, qui remplissait en Espagne les fonctions de régent en l'absence du prince, la faculté de retourner aux Indes en qualité de protecteur des Indiens et avec de grandes prérogatives attachées à ce titre. Il s'était embarqué à Séville avec deux cents laboureurs, et sa traversée avait été fort heureuse; mais, en arrivant à Porto-Rico, il reçut de tristes nouvelles de la côte de Cumana sur le continent. Quelques Espagnols y avaient été massacrés par les indigènes, et deux dominicains se trouvaient au nombre des victimes. Ces religieux avaient fondé sur la côte un établissement qui semmençait à prospérer ; ils furent enveloppés dans la proscription ; leur maison et leur église furent livrées aux flammes.

La nouvelle de ce désastre étant parvenue à l'Ile Espagnole peu de temps après le retour de l'amiral, on résolut d'aller enlever tous les habitants de Cumana, et de les transporter à Saint-Domingue. Un officier de mérite, nommé Gonzalès de Ocampo, fut chargé par l'amiral de cette expédition, pour laquelle il lui donna trois cents hommes d'élite. Las Casas, qui venait d'arriver, s'opposa de toutes ses forces à l'exécution d'un projet qui contrariait ses vues. Ocampo ne l'écouta pas, et remplit sa mission avec beaucoup de succès : il fit un grand nombre de prisonniers, destinés à l'esclavage ; il fit pendre tous ceux qui avaient conseillé ou autorisé le massacre des Espagnols, pardonna aux habitants des bourgades qui implorèrent sa clémence ; et, pour assurer en ce lieu la domination espagnole, y bâtit une ville qu'il nomma *Nouvelle-Tolède*.

Las Casas prétendait qu'un pareil établissement était une usurpation sur ses droits ; il demandait au gouverneur, à l'audience royale, le rappel d'Ocampo. Mais on le laissait dire, on éludait ses demandes ; on imaginait tantôt un prétexte, tantôt une autre raison, pour traîner en longueur. Las Casas finit néanmoins par entrer en accommodement avec l'audience royale. Il lui fut permis d'amener sa colonie de laboureurs, considérablement réduite, à la Nouvelle-Tolède, pour s'y joindre aux habitants qu'y laissait

Ocampo. Mais tous ceux-ci, fatigués d'avoir sans cesse à lutter contre les sauvages, ne soupiraient qu'après l'occasion de retourner à l'Ile Espagnole; ils profitèrent de celle que leur offrait le navire qui avait apporté le protecteur et sa colonie. Tous s'y embarquèrent, et il ne fut pas possible à Las Casas de les retenir. Les troupes qu'on lui avait données suivirent l'exemple des habitants; il resta presque seul à la Nouvelle-Tolède.

A peine Las Casas était-il éloigné de cette ville, que les Espagnols qu'il y avait laissés se séparèrent en plusieurs bandes, dans le dessein de chercher de l'or, des perles et des esclaves, malgré la défense qu'il leur en avait faite. Les naturels profitèrent de cette faute des Espagnols; ils les attaquèrent en détail, en massacrèrent une partie, et contraignirent le reste à se rembarquer. Las Casas, ne pouvant rien obtenir et n'espérant pas de pouvoir relever l'établissement de Cumana, prit le parti de renoncer au siècle et d'entrer chez les dominicains. Ceux-ci, de leur côté, se montrèrent ravis de recevoir dans leur ordre un homme d'un mérite aussi éminent, qui avait toujours été uni de sentiments et d'opinion avec eux.

L'amiral ne laissa pas sans vengeance les Espagnols massacrés à Cumana; il envoya contre les sauvages révoltés un corps de troupes nombreux, et il y eut beaucoup de sang répandu. On fit aussi des prisonniers. On en punit quelques-uns du dernier supplice; on réduisit les autres en esclavage. Cependant les indigènes manquaient tout à fait dans certains cantons de l'Espagnole, et devenaient très-rares dans les autres; il fallut les remplacer par les nègres; mais les nègres, très-propres à la culture et à la fabrication du sucre, étaient de fort mauvais mineurs, de sorte que les mines furent à peu près abandonnées; en revanche, les récoltes de sucre furent si abondantes, qu'on assure que le palais de Madrid et l'alcazar de Tolède, bâtis ou restaurés par Charles-Quint, le furent avec les seuls droits d'entrée de cette denrée.

Don Diègue fut à cette époque appelé en Espagne sur le motif qu'on avait à régler plusieurs objets relatifs à son gouvernement, et que pour cela sa présence était nécessaire. On lui annonçait de plus que le P. de Figueroa, l'un des anciens commissaires envoyés par le cardinal Ximenès, avait été nommé évêque de la Conception et président de l'audience royale avec l'autorité de gouverneur. Il n'en fallait pas tant pour que don Diègue comprît qu'on l'avait desservi auprès de l'empereur, et qu'il allait être remplacé. Il partit donc, comme cela lui était ordonné, et il ne lui fut pas difficile de se justifier pleinement. Alors il demanda que justice lui fût rendue sur toutes ses prétentions, et l'empereur nomma des commissaires pour s'en occuper; mais ces commissaires, soit qu'ils agissent de leur propre mouvement, soit qu'ils obéissent à des ordres secrets, mirent tant de lenteur dans leur procédure, que le malheureux don Diègue mourut avant d'avoir pu obtenir une décision. Il avait voulu suivre l'empereur à Séville, malgré le mauvais état de sa santé; on était au milieu de février 1526. Ses amis lui représentèrent vainement qu'il s'exposait à une dangereuse aggravation de son mal. Il n'écouta rien, et se fit placer dans une litière; mais il ne put aller bien loin. Obligé de s'arrêter, le 21, au village de Montalban, à vingt-quatre kilomètres de Tolède, il sentit aux progrès que la maladie avait faits que sa dernière heure n'était pas éloignée. Il passa toute la journée du lendemain 22, à mettre ordre à ses affaires, et le 23 il cessa de vivre.

Toute sa famille était restée à Saint-Domingue; elle consistait en deux filles et trois fils. Don Louis, l'aîné, quoiqu'il n'eût que six ans, fut salué amiral des Indes, dès qu'on eut appris la nouvelle de la mort de don Diègue. La vice-reine, pensant que sa présence en Espagne pourrait achever ce que son mari avait commencé, s'embarqua presque aussitôt après la vaine cérémonie de la reconnaissance de son fils; et elle emmena sa fille cadette, Isabelle, et don Diègue, son second fils. Quelque temps après elle maria sa fille Isabelle avec don Georges de Portugal, comte de Galves, et don Diègue fut placé dans les pages du prince d'Espagne (Philippe II). L'empereur fit en même temps augmenter les revenus du jeune amiral; il fit aussi plusieurs concessions du même genre en faveur des autres membres de la famille; mais il ne permit pas qu'on donnât à don Louis le titre de vice-roi des Indes, quoique son père eût obtenu, quelque temps avant sa mort, un arrêt du conseil qui établissait clairement son droit.

Don Louis, dans la suite, poursuivit avec chaleur le jugement définitif de l'instance que son père avait provoquée, mais ce fut avec peu de succès. Tout ce qu'il obtint après deux ans de sollicitations, ce fut le titre de capitaine général de l'Ile Espagnole, avec des pouvoirs très-limités. Quant à ses autres droits, ils les céda pour les titres de duc de la Veragua et de marquis de la Jamaïque. Il paraît qu'il jouit peu des résultats de cet accommodement, car Isabelle, devenue héritière des biens et des titres de sa famille, les transmit au comte de Galves, dont les descendants furent désignés sous le nom de Portugal-Colomb, ducs de Veragua, marquis de la Jamaïque et amiraux des Indes. Ce comte de Galves formait une branche de la maison de Bragance. L'aînée des sœurs et les deux frères de don Louis, restés à l'Ile Espagnole, étaient tous morts sans prospérité.

CHAPITRE IX

Premiers indices du Pérou. — Dépopulation de l'Ile Espagnole. — Réunion des deux évêchés. — Continuation de la guerre contre le cacique Henri. — Proposition de paix sans résultat. — Nouvel examen de la question relative à la liberté des Indiens. — Les Français et les Anglais commencent à paraître dans les Antilles. — Mêmes nouvelles à Saint-Domingue. — Reprise des hostilités contre le cacique. — Négociations pour la paix. — Conditions du traité. — Travaux apostoliques de Las Casas. — Le cacique à Saint-Domingue. — L'Anglais Drake. — Dépérissement de la colonie.

Ce fut vers le temps où l'amiral don Diègue fut

rappelé en Espagne, qu'on eut les premières notions de l'existence d'une vaste mer au delà du continent indien. Il est même à présumer que ce furent les nouvelles parvenues à l'empereur tant au sujet de cette mer que relativement à l'immensité du connent au sud et au nord, qui l'empêchèrent d'accueillir les réclamations de l'amiral par rapport à la *vice-royauté des Indes*.

Le fils d'un cacique de l'isthme de Darien, allié des Espagnols, avait apporté à Balboa, qui s'était emparé du pouvoir dans la province de Darien, une grande quantité d'or. Balboa la fit peser pour en faire la répartition. Une querelle très-vive s'éleva au sujet de ce partage. Le cacique indigné renversa les balances et dit aux Castillans : « Puisque vous estimez tant ce métal, pour lequel sans doute vous avez quitté votre patrie, essuyé tant de fatigues, bravé tant de périls, je veux vous indiquer un pays où vous trouverez de quoi vous satisfaire. Vous marcherez pendant dix jours entiers à partir d'où nous sommes, toujours en ligne droite vers le sud; là vous trouverez un cacique très-riche en or, et au delà de ses États une mer immense. En suivant ensuite le bord de cette mer, vous arriverez à un puissant royaume où l'or est si abondant, qu'on s'en sert pour les usages les plus ordinaires. » Ces paroles furent avidement recueillies par Balboa, qui, avec un renfort de cent cinquante hommes que lui envoya l'amiral, se mit aussitôt en campagne. Parvenu à un lieu d'où il découvrit la mer qu'il cherchait, il s'arrêta quelques instants pour reprendre haleine ; ensuite il s'approcha du rivage suivi de sa troupe, et, entra dans l'eau jusqu'à la ceinture, il déclara prendre possession de ce nouvel océan au nom de la couronne de Castille. Comme il n'avait avec lui que cent quatre-vingt-dix hommes, il ne crut pas pouvoir aller plus avant, et reprit la route du Darien avec beaucoup d'or et de perles de la mer du Sud. Il donna aussitôt connaissance à l'amiral de ce qu'il avait découvert, et il envoya un des siens en Espagne, chargé d'or et de perles tant pour la part du roi que pour faire des présents à ceux qui pouvaient le servir de leur crédit.

Parmi les Espagnols qui avaient été de l'expédition de Balboa à la mer du Sud se trouvaient don Diègue Almagro et don François Pizarre. Celui-ci, plein d'ambition et d'une ardeur puissament stimulée par l'exemple de Cortez, conquérant du Mexique, profita de l'intention que laissa voir le gouverneur Pedrarias de continuer les découvertes de son prédécesseur, pour se faire autoriser à tenter la fortune vers les régions équatoriales. Il partit de Panama vers la mi-novembre 1524, et bientôt après le Pérou fut conquis.

Cependant l'île de Saint-Domingue se dépeuplait très-rapidement. Toutes les colonies du continent se formaient en grande partie à ses dépens. La soif des richesses, soif que rien ne pouvait apaiser, poussait aux aventures les plus hasardeuses des hommes qui n'auraient dû songer qu'à jouir en paix des biens qu'ils avaient acquis. Cette espèce de manie était même devenue si contagieuse, qu'on craignit que l'île ne se dépeuplât entièrement ; la population indigène achevait de se consumer, et l'on hésitait à la remplacer par des nègres.

Ce qui contribua à la décadence de l'Espagnole, ce fut la création d'une audience royale dans le Mexique, ce qui, en diminuant l'étendue de la juridiction de celle de Saint-Domingue, enleva une grande partie de son importance à la ville. Le gouvernement espagnol n'avait en vue que de mettre un frein à l'ambition de Fernand Cortez et de modérer l'autorité qu'il s'attribuait ; la précaution était sage, mais l'effet de cette mesure rejaillit sur Saint-Domingue.

Dans le même temps (1527), les deux évêchés de Saint-Domingue et de la Conception furent réunis, et le siége épiscopal demeura, comme cela devait être, à Saint-Domingue. — Le nouvel évêque, don Sébastien Ramirez, avait été nommé président de l'audience royale, avec les mêmes attributions qu'avait eues son prédécesseur Figuerosa, c'est-à-dire l'autorité de gouverneur ; de sorte que le pouvoir administratif et judiciaire se trouvait uni dans sa main au pouvoir spirituel, et cette cumulation de pouvoirs, ordinairement si dangereuse, fut, dans la main de Ramirez, un bienfait pour la colonie, dont elle retarda la ruine. Il tourna d'abord ses efforts vers un but jusque-là trop négligé : rétablir l'ordre et la paix publique, faire renaître la bonne intelligence entre les citoyens, s'attacher autrement que par de vaines paroles le cœur des Indiens, qui en très-petit nombre survivaient encore aux désastres de leur patrie.

L'empereur lui avait expressément recommandé de finir à tout prix la guerre du cacique Henri, guerre ruineuse pour le fisc, et désastreuse pour beaucoup d'habitants. Ramirez avait appris en arrivant que les dernières tentatives n'avaient pas été heureuses; que le P. Rémy, qui s'était hasardé à retourner à Baoruco, avait manqué de périr, et qu'un cacique chrétien qui l'avait accompagné, regardé comme espion et comme traître, avait été pendu à un arbre; que les troupes envoyées contre les insurgés avaient été forcées à la retraite. Toutes ces nouvelles laissaient à Ramirez peu d'espérance de réussir; toutefois, et malgré le découragement qu'il trouvait chez les Espagnols, il ne voulut rien avoir à se reprocher. Il leva non sans peine une petite troupe, dont il donna le commandement à un vieux capitaine nommé San-Miguel, dont on vantait l'expérience et l'habileté. San-Miguel, qui connaissait parfaitement le pays, parvint à force de marches et de contre-marches, à se rapprocher du cacique. Il s'attacha fortement à combattre ses craintes, lui communiqua ses pouvoirs qui l'autorisaient à faire toutes les concessions convenables, lui offrit même le canton de l'île qu'il voudrait choisir, pour y vivre dans l'indépendance avec les siens. On était convenu d'un rendez-vous au bord de la mer où chacun n'a-

mènerait que huit hommes. Le cacique s'y trouva de
bonne heure ; mais, voyant le capitaine espagnol
s'avancer vers lui, tandis qu'un navire semblait
s'approcher de la côte, le cacique se méfia de
quelque complot formé pour l'enlever, et se retira ;
seulement il laissa là ses huit hommes, qu'il chargea
de dire à San-Miguel qu'il avait été atteint d'une
indisposition subite qui ne lui avait pas permis de
rester davantage. Le capitaine, à qui la commission
fut exactement rendue, parut très-mortifié du départ
du cacique, parce qu'il en soupçonna la cause ; il
accabla de prévenances et d'égards les hommes du
cacique ; il les pria de dire à leur chef qu'il voulait
être de ses amis, qu'il l'exhortait à faire cesser toute
hostilité, et que de la part des Espagnols il ne serait
rien tenté contre lui. Quatre ans se passèrent sans
qu'on entendît plus parler du cacique ; le président
profita de ce temps de paix pour faire exécuter
divers règlements de police.

Cependant les corsaires anglais et français paraissaient depuis quelque temps dans ces parages ; ils
avaient pris des bâtiments richement chargés, et causé
de grandes pertes aux colons : ce qu'il y avait de pire,
c'est que beaucoup d'Espagnols se livraient aussi à
la piraterie, pillant indistinctement amis ou ennemis.
Ce nouveau fléau, ajouté à tous ceux qu'on éprouvait
déjà, avait renversé beaucoup de fortunes ; et un
grand nombre d'habitants, les uns ruinés, les autres
craignant de l'être, quittaient pour toujours l'Ile Espagnole, qui se dépeuplait chaque jour davantage.

Vers le commencement de l'an 1530, le président envoya à l'empereur une quantité d'or assez considérable et cinquante mesures de perles. En même temps il lui annonçait qu'on avait découvert dans l'île une très-belle mine d'argent et plusieurs mines d'un fer excellent. Ces mines ne furent pourtant pas exploitées, ce qu'on ne peut guère attribuer qu'au départ du président, qui fut envoyé à Mexico en la même qualité. Le gouvernement resta pour lors entre les mains des auditeurs, et la décadence fit de nouveaux progrès.

La guerre avait recommencé plus vive que jamais dans le Baoruco; les troupes du cacique s'étaient considérablement augmentées. L'empereur, à qui l'on ne cessait de demander des secours efficaces, à défaut de quoi on serait obligé d'évacuer l'île entière, envoya un général chargé d'une lettre pour le cacique Henri. Ce général, investi de pleins pouvoirs, était accompagné de deux cents hommes d'élite.

François de Barrio-Nuevo (c'était le nom du général-commissaire) communiqua ses pouvoirs, dès son arrivée, aux membres assemblés de l'audience royale. Ceux-ci convoquèrent une réunion générale de toutes les autorités de l'île et de tous les principaux personnages que la terreur des Indiens n'en avait pas encore expulsés.

Il fut délibéré que s'il fallait continuer la guerre, ce ne devait être qu'avec les milices du pays, accoutumées à la guerre des montagnes; mais qu'il était bon d'employer d'abord les moyens conciliatoires, conformément aux désirs de l'empereur, et que là-dessus il fallait laisser le commissaire maître d'agir comme il jugerait convenable. Barrio-Nuevo prit trente hommes bien déterminés à le suivre partout; il y joignit un nombre pareil d'Indiens soumis pour lui servir de guides, et quelques religieux franciscains. Il les choisit de cet ordre, parce que le cacique, élevé parmi eux, avait toujours montré beaucoup de respect pour leur robe. Une caravelle bien armée transporta le général et sa troupe du port de Saint-Domingue à celui de Yaquimo, formé par une assez belle rivière qui descend des montagnes de Baoruco.

La caravelle remonta la rivière autant que cela fut possible. Elle s'arrêta devant une cabane indienne, où Barrio-Nuevo mit pied à terre. Il n'y avait personne dans la case; au-dessus était un champ ensemencé. Il défendit à ses gens de toucher à la case et au champ. Peu de temps après, ayant eu quelques indices de la présence de Henri dans les environs, il prit alors le parti de lui faire annoncer qu'il lui apportait une lettre de l'empereur, et envoya la sienne par un Indien, qui offrit de lui-même de la lui remettre en main propre.

Les deux chefs, s'étant réunis après de grandes fatigues essuyées par le chef espagnol, firent éloigner un peu leurs gens; et le général, prenant la parole, rendit compte au cacique de l'objet de sa mission. Il finit par lui dire que, s'il s'était soumis à tant de fatigues pour remettre en ses mains la lettre de l'empereur, c'était autant par estime pour sa personne que pour remplir les intentions de son souverain ; ajoutant qu'au fond il était bien assuré qu'il ne risquait rien à se confier à un homme doué comme lui de sentiments généreux dignes de sa naissance, et trop éclairé pour ne pas distinguer ceux qui venaient à lui comme amis de ceux qui ne cherchaient qu'à le surprendre.

Henri écouta le général avec beaucoup d'attention, et reçut avec une joie respectueuse la lettre de l'empereur ; mais, comme il avait mal aux yeux, il pria le général de lui en donner lecture, ce que celui-ci fit de manière à pouvoir être entendu des soldats du cacique. L'empereur donnait au cacique le titre de Don ; sa lettre contenait à peu près toutes les propositions que le général avait faites, c'est-à-dire amnistie pleine et entière, et assignation de terres où le cacique et les siens vivraient en pleine liberté et ne manqueraient de rien. La lecture finie, le cacique baisa la lettre et la mit sur sa tête. Le général lui remit aussi le sauf-conduit de l'audience royale, scellé du sceau de la chancellerie. Après quelques mots de remercîment, Henri s'approcha de ses gens, et, leur montrant la lettre de l'empereur, il leur dit qu'il n'était plus possible de refuser obéissance à un souverain aussi magnanime. Ils répondirent tous par de vives acclamations, après quoi il retourna auprès du général, avec lequel, après une courte conférence, il convint des conditions du traité. Elles étaient simples. Le cacique s'obligeait à rappeler tous les partis d'Indiens cantonnés en divers quartiers de l'île, et à les forcer de reconnaître, à son exemple, l'empereur pour souverain. Il promettait de contenir dans le devoir tous les indigènes, et d'y faire rentrer ceux qui s'en écarteraient; et, pour ôter à la malveillance tout prétexte de soupçonner ses intentions, il s'engageait à quitter les montagnes pour s'établir dans la plaine, où on lui donnerait pour son entretien un des troupeaux de l'empereur.

Le retour du général à Saint-Domingue y causa une vive allégresse; on donna de grands éloges à son zèle, à son courage, à sa prudence, et la paix fut proclamée avec beaucoup de pompe. Le capitaine indien ne s'en tint pas encore à ces démonstrations, qui, à la rigueur, auraient pu être concertées d'avance pour l'induire en erreur. Il allait pour ainsi dire de maison en maison, écoutant à toutes les portes. On devina le motif de sa conduite, et l'on s'attacha si bien à le guérir de ses soupçons, que, tout à fait convaincu de la sincérité des Espagnols, il ne songea pas à retourner auprès du cacique au temps convenu, ce qui causa de grandes inquiétudes à ce dernier. Voulant connaître la vérité, don Henri s'avança sur la route de Saint-Domingue jusqu'à la ville d'Azua, dont les habitants l'accueillirent avec de grandes démonstrations d'estime et de respect. Il apprit d'eux que le capitaine indien Gonzalez avait passé par leur ville quatre jours auparavant avec un capitaine espagnol nommé Romero, chargé par l'audience royale de ratifier le traité et porteur de riches présents pour lui et pour son épouse. On ajouta qu'ils devaient être arrivés à Veragua (aujourd'hui Léogane). Ravi de ces nouvelles, il prit le chemin de Veragua, où il trouva en effet les deux capitaines. Il reçut avec reconnaissance les présents que lui offrit l'Espagnol, et de son côté il le pria d'assurer ceux qui l'envoyaient qu'il se rendrait en personne à Saint-Domingue, aussitôt qu'il aurait rempli les obligations qu'il s'était imposées par le traité.

Peu de temps après (1533), le cacique reçut la visite de Las Casas, qu'il connaissait et estimait beaucoup. Ce vertueux apôtre de l'Inde occidentale vivait depuis douze ans dans une austère retraite, et il édifiait les religieux de la maison par les exercices de toutes les vertus de son nouvel état. Mais, à la nouvelle de la paix faite avec *ses chers Indiens*, il sentit se réveiller en lui son acienne affection pour eux, et il obtint la permission d'aller voir le cacique. Celui-ci le reçut avec toutes les marques d'une vénération profonde et d'une vive reconnaissance pour le souvenir qu'il avait conservé de lui et des siens. Las Casas ne perdit pas un moment. Il catéchisa, prêcha, baptisa une infinité d'enfants, administra aux autres les sacrements de pénitence et d'Eucharistie, et rassura complétement le cacique sur les intentions des Espagnols. Don Henri l'accompagna lui-même jusqu'à la ville d'Azua, et ne tarda pas à lui rendre sa visite à Saint-Domingue, où il était impatiemment attendu.

L'accueil qu'il reçut dans cette ville le fit renoncer

pour toujours à ce système de suspicion et de méfiance qu'il suivait depuis si longtemps avec tant de persévérance. On le laissa choisir lui-même les lieux qui lui sembleraient les plus avantageux pour s'y établir avec tous ceux de sa nation, de laquelle il fut déclaré prince héréditaire, libre et exempt de tribut, et soumis seulement à faire hommage à l'empereur et à ses successeurs, rois d'Espagne. Il se décida pour un canton nommé *Boya*, situé à cinquante-deux à cinquante-six kilomètres de la capitale vers le nord-est. Tous les Indiens indigènes eurent la liberté de le suivre. Leur postérité s'y est longtemps maintenue. Le prince prenait le titre de *cacique d'Haïti*. Ils étaient au nombre de quatre mille lorsqu'ils furent ainsi réunis ; mais insensiblement leur nombre a si fort diminué, qu'au commencement du xviiie siècle il en restait à peine quinze à vingt familles, qui même aujourd'hui ne se retrouvent plus, soit parce qu'elles se sont éteintes naturellement, soit parce qu'elles se sont confondues par des alliances avec les étrangers.

L'année 1586 fut fatale à Saint-Domingue : le fameux François Drake, non moins habile navigateur que pirate avide et entreprenant, débarqua onze cents hommes un peu au-dessus de Saint-Domingue ; la cavalerie espagnole vint à sa rencontre, ce fut pour tourner le dos. Les Anglais, divisés en deux corps, attaquèrent immédiatement la ville, et l'emportèrent en peu de temps, malgré le canon des assiégés, qui se sauvèrent à la hâte par une porte que les Anglais avaient laissée libre. Le butin fut loin de répondre aux espérances que Drake avait conçues ; il consista seulement en un peu d'or et d'argent monnayé, et quelque vaisselle plate. La citadelle tenta de se défendre, et fut emportée d'assaut. Drake mit ensuite la ville au pillage, et le pillage consommé il donna ordre d'abattre la ville même, faute par les habitants de payer la rançon qu'il exigeait d'eux. Les démolitions ayant commencé, les Espagnols accoururent et rachetèrent leur ville : cinq ans après, Yaguana eut le sort de Saint-Domingue ; elle fut même plus maltraitée, les Anglais la ruinèrent complétement.

Malgré tous ces désastres, l'Ile Espagnole se soutint longtemps encore par le commerce, quoiqu'on eût cessé d'en tirer de l'or. Les objets de ce commerce étaient le sucre, le bois de Brésil, la cafre, le tabac, le coton, le gingembre ; mais à la longue cette dernière denrée s'avilit par sa trop grande abondance, et les autres manquèrent faute d'ouvriers ; et, comme si tout eût conspiré contre la prospérité de cette île, le roi Philippe II défendit aux habitants de trafiquer avec les étrangers ; c'était vouloir leur ôter tout moyen d'existence. Les Hollandais, qui tiraient de ce commerce de grands profits, envoyèrent dans ces mers une flotte, afin de favoriser le commerce interlope ; et malgré la vigilance des gouverneurs, ou plutôt par leur connivence avec les fraudeurs, ce commerce continua. Le conseil, voulant à tout prix l'empêcher, envoya l'ordre de démolir toutes les places maritimes où l'on ne pouvait entretenir des garnisons : cet ordre fut exécuté, et les habitants furent obligés de s'enfoncer dans les terres. Mais beaucoup d'entre eux, réduits à l'indigence par la cessation de leur commerce, allèrent chercher fortune au Mexique ou au Pérou ; et, comme déjà plusieurs autres villes avaient été abandonnées, l'île perdit avec ses habitants tout ce qui lui restait de son ancienne opulence.

Dans les premières années du xvii° siècle, la misère était si grande, que beaucoup d'habitants se trouvaient réduits à une nudité presque complète, au point qu'il fallut que tous les jours de fête il fût célébré une messe avant le jour, pour que ceux qui n'avaient pas le moyen de se vêtir pussent satisfaire au précepte de l'Église sans être pour les autres un sujet de scandale. Telle était la situation de Saint-Domingue, lorsque les Français entreprirent de s'établir dans cette île, que les Espagnols désertaient.

CHAPITRE X

Établissement des Français aux Antilles. — Origine des boucaniers et des flibustiers. — Ile de la Tortue prise et reprise par les Espagnols et les Français. — Colonie protestante. — L'île est reprise par les Espagnols, reconquise par les Français. — Elle est cédée à la Compagnie des Indes. — Saint-Domingue reçoit des établissements français. — Les boucaniers ; leurs guerres. — Les flibustiers. — D'Ogeron gouverneur de la Tortue.

Les Espagnols, possesseurs de deux grands empires sur le continent américain, s'inquiétaient assez peu de la prospérité des Antilles; Saint-Domingue, Cuba, la Jamaïque et Porto-Rico étaient négligées et vouées à la décadence par le régime des prohibitions qui anéantissait leurs dernières ressources. Quant aux petites Antilles, ils dédaignaient de s'en occuper en aucune manière. Il suffisait, selon eux, que leurs navigateurs eussent fait sur quelques-unes des actes de prise de possession, pour que personne ne pût leur en contester le domaine. Les Anglais et les Français ne partagèrent pas cette opinion; et, comme si les deux peuples agissaient en vertu d'une convention antérieure, leurs armateurs se rencontrèrent dans l'île de Saint-Christophe, qu'ils se partagèrent également, et pendant quelque temps ils vécurent en bonne intelligence. Mais les Anglais ne tardèrent pas à manifester des intentions hostiles; ils en furent punis : une escadre française qui arriva sur ces entrefaites les obligea de s'en tenir au traité de partage de l'an 1628.

Cependant les Espagnols, qui ne voulaient pas pour eux-mêmes des Petites-Antilles, ni que d'autres peuples s'y établissent, formèrent le projet de chasser Anglais et Français de l'île Saint-Christophe. Les Français, entraînés par leur commandant, qui donna l'exemple de la plus grande lâcheté, se jetèrent dans leurs bâtiments et abandonnèrent l'île. Revenus de la terreur panique que la conduite de leur commandant leur avait inspirée, et contrariés d'ailleurs par les vents qui les avaient forcés à chercher un abri à l'île Saint-Martin, ils résolurent de retourner à Saint-Christophe, ce qu'ils exécutèrent heureusement, et ils reprirent leurs anciennes positions.

Quelques-uns s'étaient réunis à d'autres aventuriers français et anglais, et, s'étant approchés de l'île Saint-Domingue, ils en trouvèrent la côte septentrionale presque entièrement abandonnée par les Castillans, ce qui leur donna l'idée d'y former un établissement (1630). Ils y aperçurent des bœufs et des porcs en grand nombre, chose bien essentielle pour des gens qui manquaient de vivres. Les marchands hollandais leur promirent d'ailleurs de ne les laisser manquer de rien, ajoutant qu'ils recevraient en paiement les cuirs des bœufs que fournirait la chasse.

Ces nouveaux colons étaient presque tous Normands, et on leur donna le nom de *boucaniers*, parce qu'après la chasse ils se réunissaient pour *boucaner*, à la manière des sauvages, la chair des bœufs qu'ils avaient tués, c'est-à-dire pour la faire sécher à la fumée; on appela *boucan* le lieu où l'on boucanait; ce fut vers ce temps que l'Île Espagnole commença d'être connue en France; mais on l'appela communément Saint-Domingue, du nom de sa capitale, et ce nom a prévalu jusqu'au moment où elle a repris celui que lui avaient donné les indigènes.

Cependant les boucaniers éprouvèrent bientôt les inconvénients d'une situation qui les plaçait en quelque sorte sous la dépendance des étrangers pour se procurer les choses que l'île ne produisait point et dont ils ne pouvaient pourtant se passer. Ceux qui n'avaient jamais aimé la chasse ou qui s'en dégoûtèrent après quelques essais, se proposèrent de courir la mer et d'enlever tout ce qu'ils rencontreraient, quand ils seraient les plus forts. Ils devinrent corsaires, et tous les vaisseaux qui tombèrent dans leurs mains furent pillés, sans égard pour le pavillon. L'île de Saint-Domingue leur servit d'abord de retraite; peu de temps après ils s'emparèrent de celle de la Tortue, située vers l'extrémité occidentale de la côte nord de Saint-Domingue, et séparée seulement de celle-ci par un bras de mer de quatre kilomètres de large. Ces corsaires se rendirent fameux sous le nom de *flibustiers*, formé de l'anglais *freebooter*, qui a la même signification, et qu'on prononce *fribouter;* et pendant bien longtemps cette île de la Tortue leur servit de retraite, parce qu'elle leur offrait un havre sûr et commode.

Toute la côte septentrionale est inaccessible, même aux canots; c'est ce que les marins appellent une *côte de fer*. Celle du sud n'a qu'un seul port, et les flibustiers s'en étaient emparés. Ce port ou plutôt cette rade offre partout un bon mouillage sur un fond de sable fin. Un rocher dont le seul côté abordable présente une montée fort rude, commande la rade et en défend l'entrée. Les terres des environs sont très-bonnes; une végétation vigoureuse s'y fait remarquer. Une grande partie de l'île est couverte de forêts dont les arbres acquièrent une hauteur extraordinaire, bien qu'ils naissent sur un fond rocheux;

leurs racines, il est vrai, ne pivotent pas; mais elles serpentent à la surface du sol, gagnant en étendue ce qui leur manque en profondeur; l'acajou surtout domine dans ces forêts. L'air y est bon, l'eau douce fort rare; la plus abondante de toutes ces sources, de la grosseur du bras, jaillit du pied d'un rocher.

On y cultivait du tabac d'une qualité supérieure; la canne à sucre y acquérait un volume extraordinaire; les cochons qu'on y avait apportés de Saint-Domingue s'y étaient prodigieusement multipliés; leur chair avait un goût exquis. Au reste, les flibustiers trouvèrent à la Tortue tous les fruits qui croissent aux Antilles.

Dès qu'on eut appris à Saint-Christophe ce qui se passait du côté de Saint-Domingue, beaucoup de Français et d'Anglais s'y rendirent dans l'espoir d'y faire promptement une grande fortune. Les nouveaux venus s'appliquèrent à la culture des terres, et les Français qui venaient de Dieppe pour visiter la colonie naissante leur amenaient des *engagés* qui étaient tenus de les servir pendant trois ans, comme auraient fait des esclaves. Ainsi la population de la Tortue se composait de quatre sortes de personnes : les *boucaniers*, qui s'occupaient de la chasse; les *flibustiers*, qui parcouraient les mers; les *habitants*, qui cultivaient la terre; et les *engagés*, qui servaient les cultivateurs ou les boucaniers.

Les Espagnols de Saint-Domingue n'apprirent pas sans une vive inquiétude le dangereux voisinage de cette colonie. Ils armèrent un corps considérable de milices, équipèrent plusieurs vaisseaux, et l'officier chargé de l'expédition, choisissant le moment où les flibustiers étaient en mer et les boucaniers à la chasse avec la plus grande partie des habitants, fit faire main basse sur tous ceux qu'il y trouva, ainsi qu'il en avait reçu l'ordre, et se rendit facilement maître de l'établissement. Voulant ensuite nettoyer l'île de Saint-Domingue des boucaniers qui l'infestaient, il réunit cinq cents lanciers qu'il divisa par compagnies de cinquante hommes; mais il fut bien moins heureux dans la guerre qu'il fit aux boucaniers que dans son attaque de la Tortue, où il n'avait trouvé que quelques vieillards, des enfants et des femmes en fort petit nombre. Les boucaniers se tenaient sur leurs gardes, et la cinquantaine (c'était par ce nom qu'ils désignaient les lanciers) leur fit moins de mal qu'elle n'en éprouva elle-même.

Un de ces aventuriers trouva le moyen d'arriver jusqu'à M. de Poincy, gouverneur général des îles du Vent, et de l'instruire du désastre de la Tortue.

Ce gouverneur avait parmi ses officiers un homme de cœur, ingénieur habile et capitaine expérimenté, nommé Levasseur. Comme cet officier était calviniste, le gouverneur cherchait à l'éloigner; il lui proposa le gouvernement de la Tortue, et lui promit par un article secret liberté de conscience pour lui et ceux de sa secte qui l'accompagneraient. Levasseur partit de Saint-Christophe avec quarante calvinistes. Il s'arrêta d'abord avec les boucaniers, tant pour s'instruire de ce qui concernait la Tortue que pour faire parmi eux des soldats. Cinquante boucaniers, la plupart calvinistes, s'unirent à lui, et avec cette faible troupe il alla s'emparer de la Tortue.

A cinq à six cents pas de la mer, il y a une montagne qui se termine en une large plate-forme, du milieu de laquelle s'élance un rocher isolé, haut de dix mètres, et taillé à pic de tous les côtés ; à dix pas de ce rocher sort de la montagne en bondissant une source abondante de très-bonne eau. Ce fut sur ce rocher que Levasseur établit des casernes pour quatre cents hommes, ses magasins et son logement. Pour monter sur le roc, il avait fait tailler quelques marches jusqu'à la moitié de la hauteur ; on achevait de monter au moyen d'une échelle de fer qu'on retirait à volonté. Le sommet du roc était couronné par quelques canons, hissés à force de bras ; une batterie placée sur la plate-forme défendait l'entrée du havre.

Les Espagnols, qui ne voulaient pas absolument des Français pour voisins, entreprirent une seconde fois de les chasser de la Tortue ; ils furent repoussés (1643), après avoir laissé deux cents morts dans une embuscade.

Levasseur, vainqueur de ses ennemis du dehors, voulut triompher de ceux du dedans ; il regardait comme tels les catholiques, auxquels il interdit l'exercice de leur religion, afin de les forcer peu à peu à déserter l'île ; il fit ensuite brûler leur chapelle, chassa le prêtre qui la desservait ; et, devenu tyran, il ne ménagea pas ses coreligionnaires. Quelque temps après, il se déclara prince indépendant de la Tortue. Le nouveau souverain ne jouit pas longtemps de sa grandeur usurpée, il fut assassiné par deux hommes qu'il avait pour ainsi dire adoptés comme ses fils, et qu'on disait être ses neveux (1652).

Les deux meurtriers s'emparèrent de l'autorité sans rencontrer d'obstacles; mais quelques mois à peine s'étaient écoulés, que le chevalier de Fontenay, nommé gouverneur de la Tortue, s'en rendit maître par composition avec les calvinistes, qui se bornèrent à demander et qui obtinrent oubli de tout le passé. Les catholiques, que le despotisme de Levasseur avait contraints à se retirer sur la côte de Saint-Domingue, se hâtèrent de rentrer à la Tortue. On rebâtit l'église des catholiques; et l'île s'étant rapidement peuplée, Fontenay, faute de terrain, fut obligé d'envoyer une colonie à Saint-Domingue.

Les Espagnols, alarmés comme si les Français avaient été aux portes de leur capitale, firent quelques efforts pour les expulser, et ils ne purent y réussir. L'audience royale, imaginant alors qu'il fallait aller à la source du mal pour en arrêter les effets, décida qu'il fallait, à tout prix, reprendre la Tortue et y laisser une garnison respectable. Une escadre espagnole forte de cinq gros navires et de plusieurs barques chargées de soldats et de provisions, arriva devant la rade le 10 janvier 1654. L'île en ce moment était presque déserte, tous les aventuriers se trouvant en mer. Toutefois l'île n'aurait pas été prise, si les Français n'avaient été trahis par un déserteur qui, au moment où les Espagnols se préparaient à lever le siége, vint leur annoncer que les assiégés aux abois étaient décidés à capituler.

Le chevalier de Fontenay avait obtenu une capitulation honorable, mais il ne pouvait se résoudre à s'éloigner de la Tortue. Il tenta même de s'en ressaisir par un coup de main ; après avoir fait des prodiges de valeur et d'habileté, il fut contraint de renoncer à son entreprise et de retourner à la côte de Saint-Domingue, où plusieurs de ses gens prirent parti, les uns avec les boucaniers, les autres avec les flibustiers ; hors d'état alors de rien entreprendre, il reprit presque seul le chemin de la France.

Les aventuriers, n'ayant plus de chef, renoncèrent à la Tortue. Les boucaniers continuaient de se défendre contre la cinquantaine espagnole ; ceux à qui la profession de cultivateur convenait davantage se retirèrent à la côte de l'ouest, où la colonie sortie de la Tortue avait formé un établissement que tous les efforts des Espagnols n'avaient pu détruire. Quant aux aventuriers, ils aidèrent les Anglais à s'emparer de la Jamaïque (1655). Le gouvernement français, de son côté, voulant protéger la colonie de Saint-Domingue, crut nécessaire de posséder à l'avenir l'île de la Tortue d'une manière stable et non sujette aux révolutions. La Tortue, reconquise en 1660, fut cédée à la Compagnie des Indes. M. d'Ogeron, qui lui fut donné pour gouverneur, se conduisit avec tant de prudence, de fermeté, de courage et d'adresse, que les Espagnols n'osèrent pas même tenter de reprendre cette île.

Du reste, à cette époque (1665), celle de Saint-Domingue n'était guère en état d'entreprendre des expéditions militaires contre des hommes déterminés comme les aventuriers qui formaient la plus grande partie de la population de la Tortue. On ne comptait dans cette île si vaste que quatorze mille Espagnols, métis et mulâtres libres, un nombre à peu près égal d'esclaves nègres, et à une journée de la capitale, douze cents nègres fugitifs qui s'étaient cantonnés et retranchés dans les montagnes, d'où ils mettaient tout le pays à contribution. Quant aux établissements français, ils étaient soutenus par deux corps formidables que les Espagnols redoutaient, les boucaniers et les flibustiers.

Les boucaniers étaient au nombre d'environ trois mille, tous gens déterminés, bien armés, excellents tireurs, et capables, s'ils eussent été réunis, d'exterminer toute la population espagnole; mais l'intérêt de leur chasse les obligeait à se tenir dispersés. Leurs boucans se composaient d'un quartier de terre, défriché de leurs mains, de claies pour boucaner les viandes, d'une aire pour mettre les cuirs sécher, et d'un *ajoupa*, nom indien d'une baraque ou chaumière, sous le toit duquel ils étaient à l'abri du soleil et de la pluie. Comme ils n'avaient ni femmes ni enfants, ils s'associaient toujours deux à deux, se rendaient mutuellement tous les services qui dépendaient d'eux, vivaient dans une entière communauté de biens, héritaient l'un de l'autre, le survivant du prédécédé. Du reste, tout, à peu près, était commun entre les boucaniers; si l'un d'eux manquait d'une chose, il l'allait prendre chez son voisin, qui jamais ne la refusait.

Leurs lois n'étaient pas autre chose que des conventions faites librement entre eux et consacrées par l'usage; c'était une espèce de coutume non écrite, que chacun connaissait et qu'il regardait comme règle suprême. Ils se disaient indépendants parce qu'en passant le tropique, disaient-ils, ils avaient reçu un baptême qui les affranchissait de toute sujétion; aussi ne rendaient-ils au gouverneur de la Tortue qu'un hommage stérile. Pour ce qui était de la religion, ils en conservaient à peine les premiers principes, et il est hors de doute que, si leurs établissements dans Saint-Domingue s'étaient perpétués, dès la troisième ou la quatrième génération, ils n'auraient pas eu plus de religion que les Caraïbes leurs voisins.

Les Espagnols supportaient très-impatiemment la présence des boucaniers dans leur île; ils eurent de nouveau recours à la voie des armes, et des torrents de sang inondèrent l'île; car, si les Espagnols surprirent plusieurs fois des boucans pendant la nuit, les boucaniers à leur tour égorgèrent beaucoup d'Espagnols. Il arriva même que les boucaniers transportèrent leurs ateliers et leurs ajoupas dans les petites îles qui entourent Saint-Domingue, et ils s'y retiraient la nuit, ce qui les mettait à l'abri de toute surprise. A la longue ces nouveaux boucans devinrent des établissements considérables. Les Espagnols, ne pouvant venir par la force à bout d'expulser les boucaniers, prirent le parti de faire eux-mêmes dans l'île une chasse générale, au moyen de laquelle ils détruisirent presque en entier la race des bœufs, ce qui obligea les boucaniers à renoncer à une profession qui ne leur donnait plus de quoi vivre. Beaucoup d'entre eux devinrent habitants et allèrent défricher les quartiers de l'ouest, le grand et le petit Goave, Léogane, les bords de l'Antibonite, etc. Ceux pour qui la vie d'habitant paisible et sédentaire n'avait point d'attrait allèrent se réunir aux flibustiers, à qui ce renfort d'hommes braves et aguerris donna un surcroît de puissance qui les rendit la terreur et le fléau des Espagnols.

Cette association redoutable avait eu de bien faibles commencements. Ce ne furent d'abord que quelques hommes courageux et entreprenants, qui, sans munitions, sans bâtiments, sans pilotes, mais pourvus d'audace et de génie, formèrent de petites sociétés de vingt-cinq à trente hommes, se procurèrent des canots, surprirent des barques de pêcheurs, et, quand ils eurent fait quelques prises, retournèrent à la Tortue, augmentèrent leurs équipages, frétèrent de grandes barques qui pouvaient recevoir jusqu'à cent cinquante hommes, et se nommèrent des capitaines pour commander durant l'action.

Ces associés, dont le nombre augmenta rapidement, se donnaient le nom de *frères de la côte*, car ils étaient tous *frères*, c'est-à-dire égaux en tout. Le capitaine lui-même, l'action terminée, redevenait l'égal des autres. Seulement il avait double portion du butin, qui se partageait également entre tous. Ceux qui étaient blessés recevaient des récompenses proportionnées à la gravité des blessures. Ces récompenses se prélevaient sur la masse du butin avant le partage. Les flibustiers couraient assez indifféremment sur toutes sortes de navires ; mais c'était principalement aux Espagnols qu'ils en voulaient, parce que les Espagnols leur interdisaient sur leurs côtes la chasse et la pêche, bien que l'une et l'autre, disaient-ils avec conviction, fussent de droit naturel ; et ils avaient si bien accommodé leur conscience à ce principe, que jamais ils ne s'embarquèrent sans avoir fait des prières publiques pour le succès de leurs expéditions, et qu'après la victoire ils ne manquaient pas de rendre au Ciel de solennelles actions de grâces.

D'après tout ce qui vient d'être dit des boucaniers et des flibustiers, on peut conclure qu'il n'était pas facile de les gouverner. L'agent de la compagnie y réussit pourtant, et M. d'Ogeron se fit craindre et en même temps estimer par sa fermeté, son intégrité, son humeur bienveillante. Il sut les affectionner à sa personne et les attacher aux intérêts du prince et de l'État, les accoutumer à respecter les lois, et rendre leur bravoure utile à la patrie, en faisant perdre à leurs expéditions le caractère de brigandage qui les décriait aux yeux mêmes de ceux que leur action ne pouvaient atteindre. Il augmenta le nombre des habitants, adoucit les mœurs publiques, et forma enfin une colonie régulière, au lieu d'une association de pirates. Malheureusement la fortune ne seconda pas toujours ses bonnes intentions ; il aurait dû avoir moins de confiance en ceux qu'il devait gouverner.

Un des moyens employés par M. d'Ogeron pour donner à ces aventuriers des idées de sociabilité, ce fut de les marier. La Compagnie lui avait envoyé quelques jeunes filles ; quoique le nombre en fût d'abord peu considérable, on ne tarda pas à s'apercevoir qu'un changement avantageux s'était opéré dans les mœurs, les manières et les inclinations des habitants ; le gouverneur demanda qu'on lui envoyât d'autres femmes ; et s'il eût été secondé par ses correspondants de France, la colonie aurait acquis en très-peu de temps de grands développements ; car beaucoup de jeunes gens qu'on aurait facilement engagés à construire des habitations si l'on avait eu des épouses à leur donner, abandonnèrent la Tortue.

Un autre expédient fut mis en usage, et il eut un plein succès. M. d'Ogeron avait remarqué que beaucoup d'aventuriers ne continuaient leur vie errante que parce qu'ils n'avaient pas les moyens de commencer une habitation. En conséquence, des avances furent faites à tous ceux qui voulurent se consacrer à la culture des terres. M. d'Ogeron acheta aussi deux bâtiments qui firent périodiquement le voyage d'Europe, chargés des denrées recueillies par les habitants, et prenant en retour des marchandises pour le compte de la colonie; celles qui étaient pour le compte du gouverneur étaient vendues à des prix très-modérés aux habitants, qui jouissaient d'ailleurs de grandes facilités pour le paiement.

L'excellente administration de ce gouverneur attira un grand nombre d'individus à la Tortue; mais comme les terres de cette île ne pouvaient suffire à l'établissement des nouveaux venus, toute la côte septentrionale de Saint-Domingue, voisine de la Tortue, vit s'élever de nombreuses habitations. M. d'Ogeron, pour compléter son ouvrage, voulut s'attacher la plus grande partie des flibustiers restés dans une indépendance absolue. La guerre s'était allumée entre l'Espagne et le Portugal, qui depuis plus de vingt ans avait secoué le joug espagnol; le gouverneur fit demander au roi de Portugal, alors allié de la France, des commissions pour armer en course contre l'ennemi commun. Ces commissions, qu'il obtint aisément, distribuées à ces hardis marins, suscitèrent contre les Espagnols des ennemis qui ne leur laissèrent pas le loisir de s'occuper de la Tortue. Dès lors les flibustiers, dont l'audace croissait par les succès, ne se tinrent plus renfermés dans les limites de la mer des Antilles; ils commencèrent à infester toutes les côtes du continent américain, et la terreur de leur nom se répandit jusqu'à la mer du Sud. Il faut dire que parmi leurs chefs se trouvaient souvent des hommes dont l'audace sans bornes et l'indomptable courage étaient soutenus par le génie et la Providence, des hommes auxquels il ne manqua, pour être des héros, que de servir une meilleur cause.

CHAPITRE XI

Guerre entre les Français et les Espagnols. — Le flibustier Morgan. — Révolte de la colonie française de l'ouest de Saint-Domingue contre le gouverneur. — Elle est apaisée. — Amnistie. — Expédition manquée de Curaçao. — Naufrage de M. d'Ogeron. — Massacre des prisonniers français à Porto-Rico. — Perfidie du gouverneur espagnol. — Mort de M. d'Ogeron. — Guerre avec les Hollandais. — Colonie de Samana transportée au Cap. — Seconde expédition contre Curaçao. — Représailles des Hollandais. — Révolte des nègres à Port-de-Paix. — État de la colonie. — Le flibustier Grammont. — Les hostilités continuent de la part des Espagnols. — Désordre parmi les flibustiers. — Établissement à Saint-Domingue d'un conseil supérieur et d'autres cours de justice. — Le tabac mis en régie.

La paix des Pyrénées de l'an 1659 avait dû faire croire aux colons français qu'ils jouiraient à l'avenir de quelque repos ; mais, ou le gouvernement espagnol n'envoya pas aux gouverneurs de ses colonies l'ordre de cesser les hostilités, ou ils ne voulurent point y déférer; peut-être même avaient-ils reçu l'ordre secret de profiter de la sécurité qu'inspirerait aux Français la nouvelle de la paix tant désirée, pour les attaquer à l'improviste. Quoi qu'il en soit, les Espagnols parvinrent à surprendre quelques habitants de l'ouest, qu'ils massacrèrent. Ces actes de brutale politique ne restèrent pas impunis, et la ville de Sant-Yago fut pillée et taxée à une forte rançon pour se racheter de l'incendie. D'un autre côté, les flibustiers anglais et français, unis alors d'intérêts, firent plusieurs descentes sur le continent, prirent et pillèrent des villes, en rançonnèrent ou brûlèrent d'autres. La paix même d'Aix-la-Chapelle, signée en 1668, n'arrêta pas ces aventuriers; ils prétendirent que, n'ayant été ni appelés ni représentés au congrès où le traité avait été conclu, ils ne se regardaient nullement comme obligés par les conventions qu'il contenait. Le résultat de cette étrange logique fut le pillage de Porto-Bello (1668) et de Panama (1670). Le fameux Morgan dirigea cette double expédition. Sa troupe, d'environ mille hommes, se composait d'Anglais et de Français. On se trouvait alors au moment où la *course* (on appelait ainsi l'exercice de la profession des flibustiers) était la plus florissante. On ne parlait que de prises faites sur les Espagnols, de villes attaquées, tantôt emportées d'assauts, tantôt réduites à capitulation et toujours pillées, ou se rachetant du pillage par de fortes sommes d'argent. C'est que jamais on n'avait vu à la fois tant de marins intrépides : Grammont, l'Olonnais, Ovénet, Vauclin, le Picard, chez les Français ; Roc, David, Mansfeld, chez les Anglais ; et beaucoup d'autres, dont l'histoire seule formerait un volume très-curieux.

— Vous nous la raconterez quelque jour, monsieur le chevalier, s'écria Adolphe, car elle doit être bien intéressante.

— Oui, sans doute, elle est très-intéressante, répondit le chevalier ; mais s'il fallait vous dire toutes les histoires susceptibles d'intéresser, nous en aurions pour bien longtemps, moi à conter, vous à m'entendre.

— Je ne me lasserai pas d'écouter, reprit Adolphe.

— Ni moi, dit Aglaé.

— Eh! mes bons amis, croyez-vous donc que ma poitrine et surtout ma mémoire pourraient suffire à ce que vous me demandez? Pour le moment, tenons-nous-en à Saint-Domingue.

Lorsque M. d'Ogeron s'était présenté en qualité de gouverneur, les aventuriers lui avaient déclaré qu'ils ne souffriraient jamais qu'on leur interdît le commerce avec les étrangers ; qu'ils seraient fidèles sujets du roi, mais qu'ils ne voulaient pas l'être d'une compagnie de marchands. D'Ogeron avait répondu d'une manière assez vague ; mais, à force d'adresse, il était à peu près parvenu à établir le commerce exclusif de la Compagnie. Celle-ci abusa de ses droits, ce qui produisit la révolte. Les aventuriers se plaignaient de ce que la Compagnie leur vendait trois ou quatre fois plus cher que les Hollandais. En effet, la Compagnie exigeait vingt-cinq kilos de tabac pour un mètre de toile que les Hollandais ne leur vendaient qu'un franc; pour un baril de lard, qu'ils recevaient de ces derniers moyennant dix francs ou cent kilos de tabac, ils en devaient donner trois cent soixante-quinze à la Compagnie; il en était de même de tout le reste.

Dans ces circonstances, deux navires de Flessingue abordèrent à Léogane, sur la côte occidentale; ils avaient d'abord visité plusieurs points de la côte nord, et partout leurs capitaines avaient fait entendre aux habitants que la Compagnie exerçait sur eux le plus odieux monopole; ce qui, au fond, était vrai. Il ne leur fallut pas de bien grands efforts pour engager les colons à traiter avec eux. Dès que le gouverneur de la Tortue en fut informé, il envoya des défenses aux Français de recevoir aucune marchandise de ces étrangers; et comme les habitants ne s'y conformèrent pas, il partit pour le Petit-Goave, où il trouva la révolte organisée; il en était de même à Léogane, au Grand-Goave et dans tous les établissements de l'ouest. Le gouverneur fit demander du secours au gouverneur général des îles, dont la résidence était à l'île Saint-Christophe. Après bien des délais, une escadre royale arriva enfin au secours de M. d'Ogeron; à cette vue, tous les colons prirent immédiatement les armes, et se montrèrent résolus à se défendre.

Ce que la force n'aurait pu faire, M. d'Ogeron l'obtint par sa propre influence. Il laissa, il est vrai, aux esprits le temps de se calmer. Ceux des habitants qui n'avaient point pris part au désordre insinuèrent à leurs compatriotes que le gouvernement ne manquerait pas d'entretenir une escadre qui croiserait sur la côte, et que la présence de cette escadre empêcherait les navires étrangers d'en approcher. Un accommodement fut proposé; on en régla ainsi les conditions : amnistie pour le passé ; liberté de trafiquer tant à la Tortue qu'à la côte ; obligation de payer à la Compagnie un droit de cinq pour cent sur la valeur de toutes les marchandises, à l'entrée et à la sortie.

L'amnistie arriva l'année suivante (1672), et la tranquillité fut complétement rétablie. Quelque temps après, M. d'Ogeron forma le projet de chasser les Espagnols de toute la partie de Saint-Domingue qu'ils possédaient encore ; la circonstance semblait l'y engager. Le cabinet de Madrid s'était ligué avec la Hollande contre la France ; on pouvait donc lui faire la guerre aux Antilles. Une colonie fut envoyée au cap Tiburon, sur la côte méridionale, à l'extrémité ouest de l'île ; une seconde colonie alla s'établir dans la presqu'île de Samana, à l'extrémité opposée.

La Compagnie des Indes occidentales ayant été supprimée sur ces entrefaites (1675), et le roi étant rentré dans ses droits sur les îles, M. d'Ogeron partit pour la France dans l'intention de proposer au gouvernement son projet de conquête de l'île entière ; malheureusement il arriva malade à Paris ; et son état empirant de jour en jour, il mourut avant la fin de l'année, avec la réputation d'un homme intègre autant que courageux, ferme dans l'adversité, modeste et clément après la victoire, rempli de zèle pour le bien public, et qui pour ses vertus méritait d'être heureux, mais qui fut souvent traversé par la fortune.

Les Hollandais avaient pris ou brûlé dans le port du Petit-Goave quelques petits bâtiments mal armés qui faisaient le cabotage ; dans le même temps, leurs vaisseaux menaçaient la Tortue. Mais c'était l'établissement du Cap-Français, formé depuis peu, qui causait aux Espagnols le plus d'ombrage. Aussi, tandis que les Hollandais bloquaient la côte de l'ouest, les Espagnols préparaient une grande expédition pour attaquer le Cap par mer et par terre.

Toutefois les Espagnols, après informations, apprenant que le Cap et les autres établissements avaient été mis en état de défense, jugèrent prudent de rester chez eux ; les Hollandais, moins timides, continuèrent de croiser devant le Petit-Goave, et enlevèrent même plusieurs bateaux chargés de tabac ; ce qui ne les empêcha pas de faire la traite avec les habitants et d'en remplir fidèlement toutes les conditions, comme en temps de paix : aussi, en dépit des ordres de la cour, ils furent toujours bien reçus quand ils se présentèrent pour trafiquer.

Peu de temps après, les esclaves nègres de l'établissement de Port-de-Paix se révoltèrent contre leurs maîtres, qu'ils se proposaient d'égorger pendant la nuit. Leur projet fut éventé, et les mutins, se voyant découverts, allèrent chercher un refuge dans les montagnes, d'où ils gagnèrent le territoire ennemi.

Cette révolte était à peine apaisée, que les colons du Cap-Français se mutinèrent à leur tour. Des ordres de la cour défendaient aux flibustiers d'aller en course contre les Espagnols, avec qui la paix venait d'être conclue. Quelque temps avant la signature du traité, le gouverneur de la Tortue avait donné une commission de course au fameux flibustier Grammont, qui dès ses premiers pas dans cette aventureuse carrière s'était mis au rang des Montbar, des Morgan, et des capitaines les plus renommés ; mais comme ses préparatifs avaient demandé du temps, et que des bruits de paix commençaient à se répandre, il se hâta de partir, pour ne pas laisser la commission inutile en ses mains, et de crainte qu'on ne la lui retirât. Il alla prendre terre sur la côte de Cumana, et avec une troupe qui n'arrivait pas à deux cents hommes il ruina quelques forteresses, s'empara de plusieurs villes qu'il mit à contribution, fit cent cinquante prisonniers qu'il emmena pour en tirer une rançon, et acquit beaucoup de gloire par sa bravoure et son habileté. Le monopole du tabac, qui s'exerçait toujours malgré les promesses qu'on avait souvent faites de l'abolir, réduisait les habitants à la misère; aussi les trois classes de boucaniers, de flibustiers et de cultivateurs n'en formaient plus qu'une, celle des aventuriers ; car ce n'était que par la course maritime qu'il restait aux colons quelque chance de gain. Les Espagnols, de leur côté, ne regardaient les Français de Saint-Domingue que comme des brigands, des écumeurs de mer, et ils leur faisaient une guerre à outrance, même en temps de paix. Les Anglais sentant fort bien de quelle importance pourrait devenir la colonie si on lui donnaît le temps de se fortifier, d'y établir la souveraineté du roi et la subordination, et d'augmenter son commerce des produits de l'indigo, du coton, de la canne à sucre, etc., cherchaient quelque mesure qui, en la ruinant tout à fait, les délivrât d'un si dangereux voisinage.

Les flibustiers, contre lesquels on conspirait, semblèrent à leur tour s'unir plus étroitement encore contre leurs éternels ennemis. Douze cents hommes d'élite ne tardèrent pas à se ranger sous les enseignes du Hollandais Van Horn, qui avait toujours servi avec les Français, de Laurent de Graff, du capitaine Grammont, et de quelques autres. Le résultat de cette expédition fut le pillage de la ville de Vera-Cruz sur le continent. Grammont, à son retour, informé qu'une frégate anglaise croisait entre le Cap-Français et la Tortue, fit aussitôt voile vers le détroit, atteignit la frégate, l'attaqua, vint à l'abordage, passa tout l'équipage au fil de l'épée, et ne réserva que le capitaine, qu'il emmena prisonnier à la Tortue (1683).

Laurent de Graff n'avait pas tardé à se mettre en mer avec Grammont et le Hollandais Jonqué. Le gouverneur de Carthagène, ayant appris que les forbans (c'était par ce nom que les Espagnols les désignaient) croisaient aux environs de son port, envoya contre eux une frégate de quarante-huit canons et trois cents hommes d'équipage, une autre de quarante canons et deux cent cinquante hommes, et un bâtiment de douze pierriers et de six canons, avec ordre de lui amener morts ou vifs les trois pirates. Cet ordre était plus aisé à donner qu'à exécuter. De Graff, Grammont et Jonqué n'avaient que trois bâtiments, dont le plus considérable n'avait que trente canons, et en tout quatre cents hommes d'équipage. Après une heure et demie de combat, les flibustiers abordèrent les frégates, massacrèrent tout ce qui fit résistance, et se rendirent maîtres des trois bâtiments. Tout ce qui ne fut point tué dans ce premier moment fut renvoyé à terre avec une lettre qu'écrivirent collectivement les trois capitaines. Par cette lettre, ils remerciaient beaucoup le gouverneur de Carthagène de leur avoir envoyé deux excellentes frégates, venues d'ailleurs fort à propos, parce que leurs trois navires ne valaient plus rien. Ils le priaient, s'il avait encore quelques bons vaisseaux, de les leur expédier; ils allaient les attendre quinze jours; ils lui recommandaient surtout de les envoyer avec de l'argent, parce qu'ils n'en avaient pas et qu'il leur en fallait. On dit que cette lettre ironique fut plus sensible au gouverneur espagnol que la perte de ses deux frégates.

Deux commissaires envoyés par la cour pour aider le gouverneur de la Tortue à ramener l'ordre dans la colonie se trouvaient à Port-de-Paix, lorsqu'un vaisseau espagnol, entrant de nuit dans le port du Cap, tenta d'enlever un bâtiment marchand. Cet acte d'hostilité semblait autoriser les flibustiers à continuer leurs courses. Toutefois les commissaires firent observer que la conduite de ces derniers avait besoin d'être soumise à des règles dont ils ne pussent point s'affranchir, car ils n'avaient en quelque sorte ni soumission pour le gouvernement, ni religion, ni principes de morale; tout chez eux était livré à l'arbitraire ou régi par la force. Mais comment faire cesser le désordre, comment assujettir à la puissance des lois ces hommes qui ne voulaient reconnaître aucune supériorité, qui croyaient avoir le droit dès qu'ils avaient la volonté, au moment surtout où la guerre entre la France et l'Espagne venait de se rallumer (1684)?

On s'occupa cependant d'établir une espèce de cour supérieure pour l'administration de la justice, et des tribunaux de première instance à Saint-Domingue, aux quatre quartiers principaux, Léogane, le Petit-Goave à l'ouest, Port-de-Paix, et le Cap-Français. Chacun de ces tribunaux eut plusieurs quartiers sous sa juridiction; le conseil supérieur fut placé à Léogane. Mais on eut beau créer des institutions, elles ne sauvèrent pas la colonie des maux opérés par la ferme du tabac.

CHAPITRE XII

Expédition des flibustiers à la mer du Sud. — Le ministre veut attacher les flibustiers au service du roi. — Révolte au Cap-Français. — Entreprise sur Sant-Iago. — Les colons de Saint-Christophe transportés en partie à Port-de-Paix. — Les Espagnols attaquent le Cap.

La misère, que le système des prohibitions et

l'avidité des monopoleurs amenèrent dans la colonie, fit naître le mécontentement et la désaffection chez un grand nombre d'individus. Les flibustiers ne laissaient pas de continuer leurs courses, qu'il n'était guère possible d'ailleurs d'empêcher, la course étant, selon eux, l'unique moyen d'existence ; et comme le Petit-Goave avait un port très-commode, c'était là qu'ils affluaient. Ils y vivaient dans une grande indépendance, ne respectant l'autorité qu'autant qu'elle les laissait vivre à leur guise, c'est-à-dire passer dans les plus honteuses orgies tout le temps qu'ils n'étaient pas en mer. Les gouverneurs de la colonie tentèrent, par des mesures énergiques, de faire cesser le désordre ; mais ils ne firent qu'irriter le mal, car les flibustiers comprirent qu'ils n'avaient que deux partis à prendre s'ils ne voulaient se soumettre : résister en se révoltant, ou abandonner le pays. Ils prirent ce dernier moyen.

Parmi les flibustiers, l'exécution suivait toujours de très-près l'adoption d'un projet, et quand une fois l'adoption avait eu lieu, il n'était plus permis de retourner sur ses pas. L'un d'eux, en cette occasion, parla d'une expédition dans la mer du Sud ; deux mille individus accueillirent la proposition avec enthousiasme ; et, sans réfléchir aux difficultés de l'entreprise, on ne s'occupa que des moyens de l'exécuter, ou, pour mieux dire, on ne songea qu'aux préparatifs du départ ; quant aux moyens d'exécution, il fut décidé qu'on les combinerait d'après les circonstances. Les flibustiers anglais de la Jamaïque avaient formé en même temps une résolution pareille, et l'on prétend qu'il n'avait existé aucun concert entre les deux nations, ce qui n'est guère probable. Quoi qu'il en soit, ce furent les Anglais qui partirent les premiers, au nombre de sept à huit cents, et qui entrèrent dans la mer du Sud par le détroit de Magellan. Peu de temps après, diverses bandes de Français et d'Anglais prirent la même route.

Le rendez-vous général était à Panama. Là tous les aventuriers se réunirent, et formèrent un corps d'environ onze à douze cents hommes. Cette expédition dura près de trois ans, de 1684 à 1687, et pendant bien longtemps on n'en eut aucune nouvelle à Saint-Domingue; on apprit ensuite que, tantôt réunis, tantôt séparés, ils avaient pris des villes, capturé des vaisseaux, fait des prisonniers; que quelques bandes avaient trouvé de l'or; que d'autres avaient beaucoup souffert; que tous avaient eu à soutenir de rudes combats; qu'une partie était rentrée dans la mer du Nord en repassant par le même chemin, c'est-à-dire par le détroit de Magellan; que l'autre partie traversa l'isthme par terre pour rentrer dans la mer du Nord, et qu'elle triompha par sa bravoure des plus grands obstacles; qu'enfin, après bien des aventures, des fatigues et des traverses, quelques-uns seulement rentrèrent dans le pays d'où ils étaient sortis, sans y apporter de grandes richesses.

Un des inconvénients résultant indirectement de

ces expéditions, c'était que les Espagnols, irrités des pertes que les flibustiers leur faisaient éprouver, cherchaient à se venger sur les établissements de la colonie, qu'ils attaquaient continuellement par mer et par terre. Le gouverneur tâchait donc d'empêcher les flibustiers de continuer leur genre de vie ; mais il n'y réussit point parce qu'il n'avait pas la force nécessaire pour se faire obéir. Informé que Grammont et de Graff préparaient un grand armement pour aller insulter Campêche, il se transporta auprès d'eux, et leur déclara que de telles entreprises étaient contraires à la volonté du roi et au bien de l'État. Pour se débarrasser de son obsession, Grammont promit que la course n'aurait pas lieu; mais à peine était-il parti, que les flibustiers, profitant d'un bon vent, mirent à la voile ; il y avait à peu près onze cents hommes de débarquement. La ville de Campêche fut prise, saccagée et brûlée ; mais les flibustiers ne tirèrent pas de grands avantages de leur victoire ; ils trouvèrent très-peu d'or, et livrèrent aux flammes pour cinq à six cent mille francs de bois de Campêche.

Quoique cette expédition eût été faite contre le gré du gouverneur, celui-ci n'en témoigna aucun ressentiment à Grammont et à Graff, parce que les hostilités commises par les Espagnols l'avaient en quelque sorte légitimée. Voulant, au contraire, s'attacher ces deux hommes, qui par leurs talents et leur courage pouvaient rendre de grands services à la colonie, il avait obtenu pour eux le brevet de lieutenant du roi et de major. Le gouverneur était dans l'intention de donner à Grammont le commandement de la côte du sud ; mais, sur le premier avis qu'il reçut de sa nomination, Grammont voulut faire une dernière course ; il arma un navire sur lequel il mit deux cents hommes, et partit ; on n'a jamais su ce qu'il était devenu. Ce fut pour la colonie une grande perte, car il ne le cédait en bravoure à personne, et nul ne l'égalait sous le rapport du talent et de l'habileté.

De Graff avait été placé à l'île Avache en qualité de commandant. Cette île est située à peu de distance de l'extrémité occidentale de la côte sud. Il lui était recommandé de défendre cette côte contre les Espagnols, et il s'acquittait avec zèle de sa commission. Il inspirait même tant de confiance par sa bonne conduite, que ce quartier ne tarda pas à se peupler ; mais, par une fâcheuse compensation, la révolte s'établissait sur la côte nord, et le quartier du Cap en devint le foyer. On se plaignait de ce que tous les profits du commerce étaient assurés par des concessions royales à des compagnies de marchands, tandis que les colons, écrasés par le monopole, tombaient dans le dénûment et la misère. Cependant cette révolte n'eut pas de suites ; on usa de ménagements, et peu à peu les révoltés se séparèrent (1689).

Vers la fin de cette même année, les flibustiers, ayant pris quelques barques sur les Anglais, avec qui la guerre était alors déclarée, demandèrent au gouverneur des permissions pour aller en course. Celui-ci leur répondit qu'il valait mieux se livrer à quelque entreprise qui pût tourner au profit de la colonie; il leur proposa la surprise de Sant-Iago. Les flibustiers se laissèrent persuader, et toutes les troupes destinées à l'expédition se réunirent dans la plaine de *Limonade*, à seize kilomètres du Cap.

La petite armée arriva le 5 juillet en vue de Sant-Iago. A très-peu de distance de la ville, les Espagnols avaient dressé une embuscade. Les Français les culbutèrent, et entrèrent dans la ville sans éprouver aucune résistance; on la trouva déserte et entièrement démeublée. Seulement les Espagnols y avaient laissé dans beaucoup de maisons des vivres et des boissons. Le gouverneur défendit d'y toucher; la précaution était sage : quelques soldats qui, malgré la défense, voulurent y goûter, manquèrent de périr; ce qui ne permit pas de douter que les Espagnols, héritant des coutumes des sauvages qu'ils avaient exterminés, n'eussent empoisonné les vivres qu'ils avaient l'air d'offrir à leurs vainqueurs. Les soldats demandèrent tout d'une voix qu'il leur fût permis d'incendier la ville, ce qui leur fut accordé; au bout de quelques heures Sant-Iago n'offrit plus qu'un monceau de cendres.

L'armée, après plusieurs jours de marche, était excédée de fatigues; cependant l'empoisonnement des vivres de Sant-Iago avait causé tant d'irritation dans le cœur des soldats, qu'à leur retour au Cap ils déclarèrent que, si le gouverneur les voulait conduire à Saint-Domingue, ils étaient tous disposés à partir. Mais on venait de recevoir la fâcheuse nouvelle que les Anglais s'étaient emparés de l'île Saint-Christophe; ce n'était donc pas le moment de songer à de nouvelles expéditions, et le gouverneur ne put utiliser la bonne volonté qu'on lui montrait. Une partie des habitants de Saint-Christophe fut transportée à Port-de-Paix; peu de temps après il en arriva trois cents encore. Tous reçurent des terres, à charge de les cultiver; les autres furent déposés à la Martinique.

Les Espagnols, que les désastres de San-Yago avaient irrités jusqu'à la fureur, ne tardèrent pas à prendre une terrible revanche. Ils réunirent toutes leurs forces et se dirigèrent contre la ville naissante du Cap-Français. Six vaisseaux de guerre et une frégate débarquèrent deux mille hommes à vingt-quatre kilomètres du Cap, et vinrent ensuite mouiller devant ce port; huit à neuf cents hommes venaient par terre de Saint-Domingue, et se joignirent aux troupes de débarquement. Malheureusement le gouverneur et le lieutenant du roi ne furent pas d'accord sur la meilleure manière d'organiser la résistance. Sur deux avis émis par ces deux chefs, ce fut le plus mauvais qu'on suivit; et le gouverneur, trop faible en cette occasion, se laissa entraîner, renonçant en quelque sorte à ses convictions.

Ce fut dans la plaine de Limonade que se livra le combat qui vida la querelle (1690). Le nombre des Espagnols excédait trois mille; les Français n'étaient que neuf cents. Le nombre l'emporta sur la valeur, après une sanglante lutte qui dura plus de deux heures, et dans laquelle la victoire, tenue longtemps indécise, ne passa sous le drapeau espagnol qu'après que les deux chefs furent tombés percés de coups. Les Espagnols se retirèrent chargés de dépouilles, et emmenant un grand nombre d'enfants, de femmes et d'esclaves.

CHAPITRE XIII

Tentatives des Anglais pour s'emparer des établissements français. — Arrivée du nouveau gouverneur. — Tremblement de terre de la Jamaïque. — Expédition contre cette île. — Représailles des Anglais. — Coalition des Anglais et des Espagnols. — Prise de Port-de-Paix. — Retraite des alliés. — Les habitants de Sainte-Croix transportés à Saint-Domingue. — Procès contre de Graff. — Arrivée d'une escadre française. — Expédition contre Carthagène.

Le ministre Pontchartrain, informé des tristes résultats de l'invasion espagnole, se hâta de donner un nouveau gouverneur à la colonie. Son choix tomba sur M. Ducasse, ancien employé de la compagnie du Sénégal, lequel avait une grande réputation d'habileté, de courage et de prudence. Avant son arrivée, les Anglais, supposant que la plus grande consternation régnait dans tous les établissements français, équipèrent une escadre et se présentèrent sur divers points de la côte occidentale; mais, repoussés partout, ils prirent enfin le parti de se retirer, emportant un grand nombre de blessés. Les Français ne perdirent qu'un seul homme, et il leur vint des vaisseaux ennemis plusieurs Français et Irlandais qui avaient réussi à se sauver en se jetant à l'eau.

Sur ces entrefaites arriva le nouveau gouverneur, qui fut extrêmement surpris de trouver la colonie sans fortifications, sans munitions, sans vaisseaux; les flibustiers, si longtemps fléau redouté des Espagnols, presque tous morts ou réfugiés chez les Anglais; la côte de l'ouest menacée par une flotte ennemie; tous les établissements maritimes déserts ou très-mal gardés. C'était sur cet état déplorable de la colonie que se fondait l'auteur d'un mémoire présenté au ministre, et dans lequel il était proposé d'abandonner tous les établissements existants, à l'exception du Cap-Français et de l'île *Avache* ou *à Vaches*. Ces deux points étaient préférés à cause de la bonté et de la commodité de leur port, de la fertilité du sol, capable de nourrir une grande quantité d'habitants, et de la facilité qu'il y aurait à les défendre contre toute entreprise étrangère.

M. Ducasse ne partagea point l'opinion de l'auteur du mémoire; car, sur l'avis qu'il reçut que les Espagnols préparaient de nouveau une invasion générale de tous les établissements, il prit toutes les mesures que la prudence pouvait lui suggérer pour paralyser leurs efforts; et il le fit avec tant de succès, que les Espagnols, qui déjà s'avançaient par terre et par mer, se retirèrent sans rien entreprendre.

Cependant les Anglais se montraient souvent sur

la côte du nord, ne laissant passer aucune occasion d'y commettre quelque dégât. Les flibustiers, par leurs descentes journalières à la Jamaïque, vengeaient la colonie; ils y enlevaient tant de nègres, que nos colons ne donnaient plus d'autre nom à cette île que celui de *Petite-Guinée*. Les Anglais, que ces pertes exaspéraient, résolurent de ruiner tout à fait la partie française de Saint-Domingue; mais une diversion due au hasard sauva la colonie, qui, malgré la vigilance du gouverneur, aurait probablement succombé, si, de leur côté, les Espagnols étaient rentrés en campagne.

Un flibustier nommé Daviot, connu par ses entreprises hardies, partit du Petit-Goave au commencement de juin (1692) avec environ trois cents hommes; il aborda sans accident à la Jamaïque, et y fit de grands ravages. Les Anglais accoururent, et, la mer étant fort grosse, les flibustiers ne purent s'embarquer pour regagner leur frégate. Ils se croyaient perdus, car il n'y avait guère que la moitié de l'équipage à terre, et les Anglais allaient nécessairement les accabler par le nombre. Un affreux tremblement de terre vint à leur secours.

On entendit d'abord, vers le milieu du jour, un bruit semblable à des coups de canon tirés dans le lointain; ce bruit fut suivi de secousses si violentes, qu'on eût dit que l'île allait s'entrouvrir et s'abîmer; et cependant l'air était fort calme, et le ciel serein. Quand les flibustiers sentirent la terre trembler sous leurs pieds, ils se jetèrent dans leurs canots;

mais ils le firent avec tant de précipitation, que les canots chavirèrent. Heureux de regagner le rivage, à peine prenaient-ils terre, qu'un autre danger les menaça; la mer semblait les poursuivre. Ils se mirent à courir de toutes leurs forces vers l'intérieur des terres; mais la mer, qui mugissait derrière eux, ne tarda pas à les atteindre. Quelques-uns furent submergés par les vagues; d'autres tombèrent dans des gouffres qui s'ouvrirent sous leurs pas. Le plus grand nombre grimpèrent sur le sommet des arbres. Ceux qui étaient restés dans les canots avaient été emportés au large par le courant; mais ils furent bientôt obligés de lutter à force de rames contre le flux, qui les repoussait violemment sur la côte. Cet exercice dut se renouveler plusieurs fois, les secousses n'ayant cessé que vers les cinq heures du soir.

Ce tremblement de terre causa dans la Jamaïque des pertes immenses. La ville de Port-Royal s'abîma tout entière; la forteresse qui la défendait s'écroula en grande partie, et la mer vint en couvrir les ruines; tous les vaisseaux qui se trouvaient dans le port se brisèrent ou sombrèrent sur leurs ancres. Plusieurs montagnes se fendirent, d'autres s'enfoncèrent dans la terre et ne laissèrent qu'un gouffre à leur place; quelques-unes descendirent dans la plaine et coulèrent à la surface du sol, comme portées sur des roues. Il y en eut qui éclatèrent en débris, et comblèrent les routes par lesquelles on arrivait à la ville.

Quant à Daviot, qui était resté sur sa frégate, il avait été poursuivi par trois vaisseaux de guerre; mais, malgré l'infériorité de ses forces, il se défendit avec tant de courage qu'il aurait fini par se sauver, si le feu n'avait pris aux poudres, ce qui fit sauter le navire; tous les flibustiers périrent à l'exception de vingt-un que les Anglais recueillirent et qui furent conduits à la Jamaïque. Ceux qui déjà s'y trouvaient, au nombre de quatre-vingts, entrèrent en composition avec les Anglais; ceux-ci promirent de les transporter à Saint-Domingue; mais ils ne remplirent pas leur promesse, parce qu'ils craignirent qu'à leur retour les flibustiers ne fissent connaître le triste état où leur colonie était réduite, ce qui aurait pu donner aux Français l'idée d'en faire la conquête.

M. Ducasse n'était guère en état de la tenter; la seule conquête qu'il aurait voulu faire, s'il avait eu des forces suffisantes, c'eût été celle de Saint-Domingue; mais quoiqu'il l'eût souvent proposée au ministre, et que celui-ci reconnût combien elle serait avantageuse à la colonie, et par suite à la France, il ne put jamais réussir à se faire accorder les secours nécessaires. Des lettres de l'archevêque espagnol, qui furent interceptées, lui apprirent que les habitants de Saint-Domingue ne craignaient pas moins les Français que ceux-ci ne craignaient les Espagnols; bientôt après il se convainquit, par les rapports qui lui furent faits, qu'il n'avait pas beaucoup à redouter de la part des Anglais : l'escadre qu'ils avaient armée et qu'ils destinaient contre le Cap avait été complétement dissipée par la tempête.

Cela ne suffisait pas au gouverneur; il voulut montrer aux Anglais que leurs menaces ne l'intimidaient pas; il équipa plusieurs vaisseaux, y plaça quinze cents hommes de la côte, s'y embarqua lui-même, et fit route vers la Jamaïque. L'escadre prit un bâtiment espagnol qui se trouva sur son passage; il était chargé d'eaux-de-vie et de vin des Canaries : quand on fut arrivé à la côte, on exécuta la descente sans opposition. On sut par les prisonniers que les Anglais, informés des préparatifs qui se faisaient à la côte de Saint-Domingue, avaient abandonné tous les quartiers pour fortifier Port-Royal et Ouatirou. Les Français trouvèrent en effet plusieurs forts abandonnés : ils les ruinèrent. Le port Moran au sud, le port Marie au nord, et toute la côte septentrionale furent ravagés; le port d'Ouatirou fut ruiné de fond en comble. Les Français se rembarquèrent pour retourner au Petit-Goave, lorsqu'il n'y eut plus rien à détruire; ils brûlèrent une quantité considérable d'objets, de marchandises, de denrées, et emmenèrent trois mille nègres, qui furent par la suite d'un grand secours pour la culture des terres. Ils emportèrent aussi beaucoup d'indigo, et une grande quantité d'ustensiles nécessaires à la fabrication du sucre.

Les Français se furent à peine éloignés, que les Anglais s'occupèrent de leur vengeance. Un armement considérable se fit à Portsmouth; on ne voulut pas même attendre à la Jamaïque l'arrivée de ce secours pour aller insulter Léogane et l'île Avache, ce qui produisit peu d'effet. Passant alors d'un extrême à l'autre, non-seulement ils attendirent l'escadre de Portsmouth, mais encore ils ne voulurent entrer en campagne qu'après avoir fait alliance avec les Espagnols, qui leur envoyèrent huit vaisseaux de guerre, de sorte que la flotte alliée se composait de vingt-deux voiles avec quatre mille hommes de débarquement. Elle entra le 15 juillet 1695 dans la baie de Mançanilla, où arrivèrent en même temps deux mille hommes qu'envoyait par terre le président de Saint-Domingue : les Français étaient hors d'état de résister à tant de forces réunies, d'autant que tous les flibustiers étaient en course, et qu'il n'y avait nulle apparence qu'ils rentrassent avant la fin de l'année. Le Cap fut pillé et brûlé ; quelques habitants périrent, quelques nègres tombèrent au pouvoir des ennemis ; ils enlevèrent aussi des femmes, parmi lesquelles se trouvait celle du major de Graff, qui fut accusé, en cette occasion, de s'être laissé corrompre par les guinées anglaises, et qui en effet ne se montra nulle part, ne défendit aucun passage, ne prit aucune précaution de sûreté.

L'officier qui devait défendre Port-de-Paix ne se conduisit pas mieux que le sieur de Graff ; les habitants se sauvèrent dans les montagnes ; les soldats, gagnés par l'exemple, demandèrent à capituler. Leurs officiers, après d'inutiles efforts pour les faire rentrer dans le devoir, consentirent à tenter une vigoureuse sortie, à la faveur de laquelle on pourrait passer sur le corps des ennemis et exécuter une honorable retraite. Cette retraite ne s'opéra qu'à travers mille dangers; d'une embuscade les Français tombaient dans une autre; toutefois ils ne perdirent que vingt hommes. Tous les autres, au nombre de cent quatre-vingts, parvinrent à se sauver.

M. Ducasse s'attendait à être attaqué dans Léogane; il ne fut pas peu surpris d'apprendre que la désunion s'était mise parmi les alliés, qui s'accusaient réciproquement de mauvaise foi. Il paraît même qu'un jour les Anglais et les Espagnols furent près d'en venir aux mains; si l'animosité naturelle des deux nations céda aux représentations des plus sages des deux partis, elle ne s'éteignit point pour cela. Les Anglais traitaient les Espagnols d'hypocrites, de *papistes*; les Espagnols traitaient les Anglais d'apostats et de *chiens d'hérétiques*. Aussitôt après la chute de Port-Français, les deux peuples se séparèrent : les uns reprirent la route de Saint-Domingue, les autres se rembarquèrent.

Peu de temps après la retraite des alliés, la colonie de Sainte-Croix, qui ne pouvait plus subsister dans cette île, où l'air est malsain et l'eau fort mauvaise, fut transportée à Saint-Domingue par ordre exprès du roi; le poste de Port-Français fut aussi abandonné, et tous les habitants transférés ou Cap.

Le gouverneur avait envoyé au ministre un détail très-exact de tout ce qui s'était passé, et il n'avait pas ménagé MM. de Graff et de la Boulaie; ces deux officiers perdirent leur emploi; toutefois de Graff fut fait capitaine de frégate, ce qui lui convenait beaucoup plus que le service de terre. Encore cette distinction ne lui fut-elle accordée que pour l'empêcher de passer au service des Espagnols, qui lui offrirent le grade de vice-amiral.

Les années suivantes se passèrent assez tranquillement; il y eut de part et d'autre quelques tentatives d'invasion qui n'eurent aucun succès. Il n'en fut pas de même de l'armement de M. de Pointis, destiné contre le continent américain. Les instructions que le ministre envoya au gouverneur Ducasse donnaient à entendre qu'il était question d'une grande entreprise à laquelle il pourrait prendre part s'il ne jugeait pas sa présence nécessaire à Saint-Domingue; le ministre ajoutait qu'il devait joindre toutes ses forces à celles de M. de Pointis.

Ce dernier avait de la bravoure, de l'expérience et de l'habileté; mais il joignait à ces qualités une grande présomption, et l'idée qu'il avait de son propre mérite l'empêchait de reconnaître le mérite des autres. Ajoutons que dans tout le cours de son expédition il se montra fort intéressé, et que la cupidité lui fit faire ou tolérer des actions peu honorables pour le nom français. Il fit la guerre en flibustier plutôt qu'en général d'armée, et il s'appropria la portion de butin qui revenait aux flibustiers, sans lesquels peut-être il aurait échoué complétement.

L'escadre parut le 1er mars 1697 en vue du Cap-Français, et le 6 elle alla mouiller sur la côte de l'ouest, où se trouvait M. Ducasse. La première entrevue du gouverneur et de l'amiral fut le commencement de leur mésintelligence. Pointis traita Ducasse avec beaucoup de hauteur. Ce dernier fut d'abord tenté non-seulement de ne pas faire partie de l'expédition, mais encore de lui refuser tout secours d'hommes, ainsi que le ministre lui en laissait le droit; il lui suffisait d'alléguer le besoin qu'avait la colonie de conserver ses forces pour sa propre défense.

Les gens de la côte et les flibustiers refusèrent même avec obstination de s'embarquer, et ce ne fut pas sans peine que le gouverneur, désarmé par les prévenances du général, qui ne pouvait se passer de lui, vainquit leur répugnance. Il est vrai qu'ils obtinrent les conditions d'usage; le général promit tout, parce qu'il était probablement décidé à ne rien tenir.

Trois buts d'expédition s'offraient à l'imagination de M. de Pointis : aller chercher les galions pour s'en emparer, attaquer la Vera-Cruz, ou se rendre maître de Carthagène. M. Ducasse ouvrit l'avis d'aller à la recherche des galions. Le général fit des objections, et ce premier projet fut abandonné. Ces galions, dont il eût été très-facile de s'emparer, étaient chargés de trente millions de piastres (environ cent cinquante millions de francs).

Il fut ensuite question de Vera-Cruz, mais le général parla d'attaquer Carthagène. Les objections vinrent alors de la part de ses officiers, il ne s'y arrêta pas : l'escadre se dirigea donc vers cette ville. Pour y arriver, il fallait d'abord s'emparer de la forteresse qui défend l'entrée du port, entrée fort étroite, que pour cette raison les Espagnols ont appelée *Boca-Chica* (Petite-Bouche). Les flibustiers marchèrent droit au fort malgré le feu des Espagnols, et par une heureuse témérité ils s'en rendirent maîtres au bout de quelques heures. Plusieurs fortins qui défendaient la ville, Sainte-Croix, Notre-Dame-de-la-Poupe, Saint-Lazare, furent emportés le même jour ou le lendemain. Il ne restait que le fort de *Hihimani;* il fut pris d'assaut après quelques jours de bombardement et de canonnement; la ville haute battit la chamade trois jours après, et les Français prirent possession de Carthagène.

Quoique les habitants de Carthagène eussent mis en sûreté leurs pierreries et une bonne partie de leur or, le butin fut encore très-considérable. Le général, dans son compte-rendu, le fait monter à huit à neuf millions; le gouverneur Ducasse a prétendu qu'il fut de plus de vingt millions, sans compter les marchandises de prix qui disparurent, ainsi que cinq à six millions en or. Un autre reproche que l'histoire fait au général, c'est qu'il permit que la capitulation fût violée, qu'on dépouillât les églises, qu'on emportât les vases sacrés, les châsses des saints, lesquelles étaient de vermeil ou d'argent, enfin tout ce qui semblait avoir quelque prix.

Après la prise de Carthagène, M. Ducasse pressa le général de remplir ses engagements envers les flibustiers et les hommes de la côte ; le général tergiversa, éluda de mille manières la juste demande du gouverneur, fit embarquer toutes les caisses où le butin était renfermé, se contentant d'offrir quarante mille écus pour la part des flibustiers. Ceux-ci rejetèrent cette offre dérisoire, mais ils délibérèrent d'aller avec leurs bâtiments à l'abordage du *Sceptre*, sur lequel le général s'était embarqué, et de lui faire rendre gorge. Il fallut tout l'ascendant qu'avait sur eux M. Ducasse pour les contenir ; l'un d'eux prenant alors la parole, s'écria : *Frères, laissez aller ce chien* (M. de Pointis) ; *notre part est à Carthagène; allons la chercher.* Ces paroles furent reçues avec de vifs applaudissements ; M. Ducasse fit en cette occasion tout ce qui dépendait de lui ; M. de Pointis prétexta une maladie : l'officier auquel il avait confié le commandement ne voulut donner aucun ordre ni prendre aucune mesure. Il fallut alors laisser les flibustiers maîtres d'agir à leur gré, puisqu'on ne pouvait les en empêcher. Le gouverneur reprit aussitôt la route de Saint-Domingue.

Cependant les flibustiers étaient rentrés à Carthagène ; les habitants n'avaient pas eu le temps de réparer leurs fortifications. Dès leur arrivée, les premiers firent connaître leurs prétentions ; ils demandèrent cinq millions, à défaut de quoi la ville serait mise à feu et à sang. Les habitants se mirent en devoir de donner tout ce qu'ils possédaient encore d'or et d'argent ; mais tout cela était loin d'arriver à la somme demandée ; les habitants eurent beau dire qu'il ne leur restait plus rien, les aventuriers n'en voulurent rien croire ; ils mirent la ville au pillage. Ils fouillèrent jusque dans les tombeaux; mais comme leurs recherches ne produisirent presque rien, ils usèrent de stratagème : ils firent venir les deux principaux habitants, et on leur enjoignit de déclarer où ils avaient caché leur or. Ces deux hommes, comme on s'y attendait, jurèrent qu'ils avaient tout donné ; les flibustiers les enfermèrent dans un lieu retiré. Deux autres furent amenés, et on leur fit la même injonction ; comme ils répondirent de même que les premiers, les flibustiers interrogateurs ordonnèrent à ceux qui étaient présents de leur couper la tête, ainsi qu'on avait fait aux deux premiers. Ces deux malheureux, justement effrayés, demandèrent grâce et promirent d'apporter encore de l'or ; les flibustiers les laissèrent aller, en leur recommandant de ne pas tarder : la nouvelle de ce qui s'était passé circula bientôt dans la ville, et avant la nuit de ce même jour on leur avait remis plus d'un million.

Quatre jours après, les flibustiers, ne jugeant pas possible d'augmenter leur recette, se préparèrent au départ. L'avis qu'ils reçurent de l'approche d'une flotte anglo-hollandaise les contraignit d'en avancer le moment. On avait partagé l'or et l'argent; on convint de se retrouver à l'île Avache pour le partage des nègres et des marchandises. Ils n'étaient parvenus qu'à quinze myriamètres de Carthagène, lorsqu'ils furent rencontrés par la flotte ; aussitôt chaque bâtiment tira de son côté et fit force de voiles pour tâcher de se sauver. Sur neuf bâtiments deux furent pris, l'un par les Hollandis, l'autre par les Anglais; un troisième fut jeté sur la côte de Carthagène, et l'équipage condamné au travail des mines; un quatrième alla s'échouer à la côte de Saint-Domingue, mais l'équipage se sauva avec son argent. Tous les autres abordèrent à divers points de la côte du sud et de l'ouest, non sans avoir beaucoup souffert de peines et de fatigues.

Sur ces entrefaites, le ministre écrivit au gouverneur que le roi, satisfait de ses services, l'avait nommé chevalier de Saint-Louis; que, quant à son rappel, le roi le jugeait trop nécessaire à la colonie pour le lui accorder; qu'au surplus justice serait faite aux flibustiers, et qu'un arrêt de la chambre des comptes avait fixé leur part à quatorze cent mille livres. Malgré cet arrêt, il y eut tant de malversation de la part de ceux qui s'employèrent dans cette affaire, que les intéressés n'en retirèrent rien ou presque rien, comme pour prouver la vérité de ce vieil adage : *bien mal acquis ne profite pas.*

Après la dispersion des flibustiers par la flotte combinée, les Anglais se séparèrent des Hollandais; et l'on apprit aux Antilles que la paix de Ryswick venait d'être signée. M. Ducasse se rendit immédiatement au Cap, d'où il écrivit au gouverneur de Sant-Iago pour lui annoncer cette nouvelle, qui devait enfin mettre un terme aux hostilités.

CHAPITRE XIV

Avénement du duc d'Anjou au trône d'Espagne. — Conduite des Espagnols de Saint-Domingue. — Les Anglais continuent la guerre. — Auger, gouverneur. — On veut faire revivre la flibusterie. — Changements dans le gouvernement de la colonie. — Fin de la flibusterie. — Paix d'Utrecht. — Perte des cacaotiers. — Désertion des nègres. — Émeutes, révolte des habitants contre les agents de la Compagnie des Indes. — Longues querelles. — Amnistie. — Fin de la révolte. — État de la colonie jusqu'à la révolution.

Un événement que peu de personnes prévoyaient dans l'île de Saint-Domingue vint y faire naître de nouveaux intérêts : on apprit, sans que rien eût pu l'annoncer, qu'un petit-fils de Louis XIV venait de monter sur le trône d'Espagne (1701). Il y avait été appelé par un testament de Charles II, mort sans postérité. L'avénement de Philippe V n'amena aucun changement remarquable dans la conduite des Espagnols de Saint-Domingue envers les habitants de la colonie. Ils avaient toujours ressenti pour les Français établis dans l'île, qu'ils regardaient comme leur patrimoine, un sentiment d'antipathie trop vif et trop profond pour céder aux exigences d'un changement de dynastie dans leurs souverains. Ils ne se prêtaient que de mauvaise grâce aux mesures d'intérêt commun qui leur étaient prescrites au nom de leur nouveau monarque ; et quand les Anglais vinrent menacer Léogane, et que les habitants leur firent demander du secours, ils le refusèrent sous de vains prétextes dont il aurait été difficile d'être la dupe. Réduits à leurs seules ressources, les habitants défendirent tous les points où une descente aurait pu s'opérer, mais ils ne purent empêcher les Anglais de canonner la côte durant plusieurs jours, de prendre quelques bâtiments marchands, et d'en brûler d'autres qui s'étaient échoués pour ne pas tomber en leurs mains. Les Anglais se montraient d'autant plus acharnés à ruiner nos établissements, que l'équipage de leurs vaisseaux se composait aux trois quarts de réfugiés français. On désignait par ce nom tous les Français frappés par la révocation de l'édit de Nantes. Après avoir paradé plusieurs jours devant Léogane et quelques autres points de la côte, les Anglais gagnèrent le large, dans l'espérance de prendre M. Ducasse, qui se rendait à Carthagène avec quatre vaisseaux. L'escadre anglaise se composait de sept navires, dont le moindre portait cinquante-quatre canons; favorisée par le vent, elle atteignit M. Ducasse, qui, malgré l'infériorité de ses forces, ne refusa pas le combat. Il dura plusieurs jours. Les Anglais firent enfin vent arrière et gagnèrent la Jamaïque. Leur amiral, Bembon, avait eu la jambe cassée par un boulet, et il mourut de sa blessure au bout de quelques jours. Ducasse ne songea pas à poursuivre les Anglais, il ne les croyait pas aussi maltraités qu'ils l'étaient. Il continua sa route vers Carthagène, où il arriva cinq à six jours après, et où sa présence causa autant de joie qu'elle avait inspiré de terreur quelques années auparavant.

A son retour de Carthagène, M. Ducasse fut nommé chef d'escadre, et on lui donna pour successeur dans le gouvernement de Saint-Domingue M. Auger, alors gouverneur de la Guadeloupe. C'était un homme d'un caractère conciliant, mais ferme si la circonstance l'exigeait. Né en Amérique, il connaissait les mœurs et les habitudes de ceux qu'il devait gouverner. Son premier soin fut de rappeler les flibustiers restés en Amérique, et il réussit mieux qu'il n'avait d'abord osé l'espérer. Malheureusement la colonie le perdit au bout de quelques mois (octobre 1705).

Après la mort de M. Auger, ce fut le comte de Choiseul qui vint gouverner la colonie. Il voulut continuer l'œuvre de son prédécesseur relativement aux flibustiers; il jugeait ces hommes nécessaires à la colonie; eux seuls pouvaient protéger son commerce. Depuis quelque temps les Anglais avaient renoncé à leurs attaques sur la côte, mais ils entretenaient sur cette mer plusieurs vaisseaux qui croisaient sans cesse autour de Saint-Domingue, et couraient sur tous les bâtiments marchands qui sortaient de ses ports ou s'en approchaient. Quand les flibustiers furent rentrés à Saint-Domingue et qu'ils eurent repris leurs anciennes habitudes de course, les Anglais, contraints de garder leurs propres côtes contre ces dangereux ennemis, s'éloignèrent de celles de Saint-Domingue.

M. de Choiseul, mort en 1711, eut pour successeur le comte de Blénac; au titre de gouverneur de

Saint-Domingue la cour ajouta celui de lieutenant général des îles ; et trois ans après (1714) ce nouveau titre fut encore changé contre celui de *gouverneur général des îles Sous-le-Vent*. Trois gouverneurs particuliers, relevant du comte de Blénac, furent pareillement établis, l'un à l'île Avache sous le nom de Saint-Louis, l'autre à Léogane pour la côte de l'ouest, et le troisième à Sainte-Croix, pour celle du nord.

Tous ces changements empêchèrent de suivre activement le projet formé par M. de Choiseul de rétablir la course. Les flibustiers eux-mêmes parurent moins disposés de jour en jour à reprendre leur premier genre de vie. Ils employèrent leurs fonds à l'acquisition de terres, d'habitations et de nègres : de marins intrépides ou, pour mieux dire, d'audacieux pirates, ils devinrent habitants paisibles et cultivateurs industrieux. Ainsi finirent les flibustiers, de qui l'on peut dire qu'il ne leur manqua, pour conquérir l'Amérique, que de la discipline et des chefs de génie ; puisque, sans chefs et sans discipline, ils ont exécuté des choses qui tiennent du prodige et paraissent au-dessus de toutes les forces humaines.

La paix d'Utrecht (1714), qui rendit la paix à l'Europe, fut pour la colonie un événement d'autant plus heureux par la facilité qu'elle eut d'étendre son commerce, qu'elle venait de perdre dans l'espace de deux à trois ans tous ses cacaotiers. Comme on ne voyait pas de cause apparente à laquelle on pût attribuer cet accident extraordinaire, la superstition s'en mêla, et beaucoup d'habitants se persuadèrent qu'il était l'effet d'un sort jeté sur l'île par les colons de la Martinique, qui, réduits à la culture du cacao, souffraient de la concurrence de Saint-Domingue.

Quelque temps après, la mésintelligence éclata entre le régent de France et Philippe V (1718), au sujet de la fameuse conspiration du prince de Cellamare, ambassadeur d'Espagne, dont l'objet, dit-on, était d'enlever le régent pour donner la tutelle de Louis XV, encore enfant, au roi d'Espagne. Les habitants de la partie espagnole de Saint-Domingue, qui n'avaient jamais considéré ceux de la partie française que comme des usurpateurs, ne se mirent plus en peine de comprimer leur vieille antipathie. Trop faibles pour tenter le sort des armes, ils encourageaient en secret la désertion des nègres, qui continua même après que la paix eut été rétablie entre les deux couronnes. Les fugitifs trouvaient un refuge assuré dans l'espèce de colonie qu'avaient fondée les premiers déserteurs; et les habitants français en éprouvaient un dommage d'autant plus grand, que la Compagnie des Indes, qui venait d'obtenir le commerce exclusif des nègres, les vendait fort cher aux colons. Ce nouveau monopole de la Compagnie produisit une explosion de mécontentement qui ne pouvait guère aboutir qu'à la révolte. Malheureusement une ordonnance du roi vint diminuer le taux des espèces d'or et d'argent, et soumettre ces monnaies à la formalité du poids, ce qui n'avait jamais eu lieu dans la colonie. Cette mesure faisait éprouver une perte réelle à tous ceux qui se trouvaient nantis de sommes quelconques. La malveillance attribua cette double innovation à la Compagnie, et le mécontentement fut à son comble. Ce furent les femmes du Cap qui commencèrent à s'insurger. Elles s'armèrent de pistolets et de sabres, et se dirigèrent, tambour battant, vers la *Maison d'Afrique*, qui appartenait à la Compagnie et dans laquelle étaient ses bureaux. On l'appelait ainsi parce que la Compagnie faisait la traite des noirs.

Les agents de la Compagnie, avertis de la marche de ces femmes, se sauvèrent à la hâte. L'émeute ne tarda pas à se dissiper sur la nouvelle de l'arrivée du gouverneur de Sainte-Croix; mais le lendemain elle recommença plus violente que la veille. Le directeur et ses agents se sauvèrent chez les jésuites, à la faveur d'un déguisement. Les mutins s'étaient dirigés vers la maison d'Afrique, et cette fois il y avait beaucoup d'hommes mêlés parmi les femmes. Le gouverneur se présenta pour sauver la maison; mais, tandis qu'il haranguait d'un côté, les mutins commençaient à démolir du côté opposé.

Le gouverneur parvint, à force de prudence et non sans courir lui-même des dangers, à garantir la maison. Les mutins se dédommagèrent en allant mettre le feu à la maison de campagne de la Compagnie, ce qui fut exécuté aux cris de *Vive le roi! point de Compagnie!*

On juge que des concessions étaient nécessaires ; le rapport de l'ordonnance relative au poids des monnaies rétablit la paix et ranima le commerce, mais ne rendit pas la confiance publique aux agents de la Compagnie. Le gouverneur général écrivit deux lettres au gouverneur de Sainte-Croix, l'une confidentielle, l'autre pour être rendue publique ; et cette lettre contenait des menaces. Elle produisit l'effet qu'on aurait dû prévoir ; l'émeute s'agita de nouveau, et tous les habitants, sans exception, coururent aux armes. On exigea le départ des employés de la Compagnie ; on parlementa ; il fallut céder. Quelques habitations appartenant à la Compagnie ou à des colons suspects furent incendiées.

L'arrivée au Cap d'un vaisseau négrier appartenant à la Compagnie causa de nouveaux troubles ; et, cette fois encore, la révolte fut générale. Elle ne s'apaisa que par la révocation des priviléges de la Compagnie, et l'amnistie accordée par le roi. Il n'y eut d'exception que pour les principaux auteurs de la sédition, mais on leur laissa le temps de s'évader. Ils ne furent jugés que par contumace ; l'arrêt, il est vrai, prononça la confiscation des biens : c'était pour la forme, car le lendemain le commissaire du roi les remit à leurs héritiers légitimes.

Ainsi se termina, sans la moindre effusion de sang, cette crise orageuse qui manqua de faire périr la colonie ; ce qui est d'autant plus à remarquer, que les mœurs des habitants se ressentaient encore de la sauvagerie des boucaniers et des flibustiers ; mais il faut dire que, durant tout le cours de cette révolte, il n'y eut pas une seule plainte formée contre le roi; que tout le ressentiment des mutins était dirigé contre les seuls agents de la Compagnie, et que, pour empêcher l'émeute d'arriver au meurtre, il suffit d'éloigner d'elle les hommes qu'elle désignait comme ennemis; qu'enfin si l'insurrection ne pouvait pas être justifiée, elle paraissait avoir une excuse dans la conduite des agents de la Compagnie, conduite dure, hautaine, impitoyable, dirigée par l'égoïsme et la cupidité.

Depuis cette époque (1725) jusqu'à la révolution française, qui fit surgir tant de passions, engendra tant de systèmes politiques, déplaça tant d'intérêts, changea tant de positions, l'histoire de Saint-Domingue n'offre aucun fait particulier digne d'attention. Il en est à peu près de cette colonie comme de nos provinces de France, dont l'histoire particulière cesse au moment de leur incorporation dans la monarchie, et s'absorbe dans l'histoire générale. Remarquons seulement que le traité d'alliance offensive et défensive entre la France et l'Espagne (1761), connu sous le nom de *pacte de famille*, resserrant les liens qui déjà unissaient les deux nations, mit désormais les établissements français à l'abri de toute attaque de la part des Espagnols, qui de leur côté ne craignirent plus d'avoir des ennemis dans les Français.

Saint-Domingue jouit alors d'une assez longue paix; mais lorsque la révolution française éclata, ses principes de liberté, traduits par les anarchistes en éléments de trouble et de licence, traversèrent rapidement les mers, et vinrent jeter l'alarme au cœur des habitants sensés. Ce furent surtout les déclamations furieuses des philanthropes, et plus encore celles des *négrophiles*, qui les remplirent d'épouvante. Ils savaient fort bien, par ce qui venait d'arriver dans l'Amérique anglaise il n'y avait pas bien longtemps encore, que les mots de liberté et d'égalité séduisent toujours le peuple, qu'il est facile ensuite d'entraîner aux plus grands écarts; car, comme l'a dit avec raison le savant évêque de Meaux, « quand une fois on a trouvé le moyen de prendre la multitude par l'appât de la liberté, elle suit en aveugle, pourvu qu'elle en entende seulement le nom. » Avant de raconter ce qui a substitué une république de nègres à la plus belle de nos colonies, il est bon de faire connaître un peu les colons tant français qu'espagnols; car tout cela n'est plus aujourd'hui que de l'histoire ancienne.

CHAPITRE XV

De la colonie française et de ses habitants. — Des colons Espagnols. — Des nègres en 1789.

Les possessions françaises ne comprenaient guère que le Cap-Français, et la campagne qui s'étend au delà de cette ville au sud et à l'est ; une petite partie de la vaste plaine nommée par les Espagnols *Vega-Real :* sol riche, fécond, capable de produire tous les fruits, toutes les denrées de l'Amérique, et que les Espagnols, moins industrieux ou plus paresseux que les indigènes, laissaient depuis bien longtemps sans culture. La colonie avait plusieurs établissements sur la côte de l'ouest ; le plus considérable était celui de Léogane. Au sud, elle possédait l'île Avache et la côte voisine. Tout cela ne faisait guère qu'un tiers à peu près de l'île.

Le port du Cap était le plus fréquenté, à cause de sa commodité et de la facilité qu'avaient pour y entrer les vaisseaux venant d'Europe. Ce port est pourtant ouvert au vent du nord-est, qui toutefois n'y cause pas de dommages, parce que les vagues se brisent contre les récifs qui en bordent l'entrée. On avait cessé depuis bien des années de travailler aux mines, ou du moins de regarder cette exploitation comme la source unique de prospérité pour la colonie ; elle trouvait dans la culture du sol des trésors plus abondants : c'était le tabac, l'indigo, le café, le sucre. La vente de ces diverses d'enrées, vers le milieu du XVIIIe siècle, produisait quinze à dix-huit millions tous les ans, ce qui, depuis cette époque, avait considérablement augmenté. Il s'agit ici de la partie française, car les Espagnols vivaient assez misérablement, leur indolence naturelle, augmentée par le climat, leur permettant à peine de se livrer au travail. Il y avait dans nos divers établissements deux cents moulins à sucre, de chacun desquels sortaient tous les ans quatre cents barriques de deux cent cinquante kilos. Il y avait aussi des plantations de café, et quelques colons avaient de nouveau essayé de planter des cacaotiers et d'en ombrager leurs vallées.

Si de la Véga-Réal on se dirige vers le sud-est, on arrive, par une marche de quelques heures, à la plaine de Saint-Domingue, dont la longueur est d'environ quinze myriamètres, sur une largeur moyenne de cinq à six. Elle est moins belle et moins fertile que la Véga, quoiqu'elle soit arrosée par un grand nombre de rivières, dont la plus considérable est l'Ozaurce, sur les bords de laquelle s'élève l'ancienne métropole des Espagnols. Un peu au-dessus de la ville était le village de Saint-Laurent, peuplé de nègres libres, c'est-à-dire d'esclaves transfuges des habitations françaises.

La population de l'île à l'époque où la partie française fut réunie à la France n'était que d'environ trente mille blancs ou hommes de couleur libres, et de cent mille nègres; dans les établissements espagnols on comptait à peu près dix-huit mille blancs et cinquante mille nègres. Mais tout cela avait bien changé dans l'espace de soixante ans; la partie française, à l'époque de la révolution, comptait cinquante mille blancs, quarante mille hommes de couleur, et six cent mille noirs; la partie espagnole, beaucoup moins peuplée, avait augmenté dans la même proportion. Un recensement officiel, fait en 1824 et rapporté par le journal anglais *The Examiner* du 15 mai 1825, porte la population totale à neuf cent trente mille trois cent trente-cinq habitants de toutes couleurs. Cet accroissement rapide de population est dû à l'activité que le commerce avait pris et aux nombreuses émigrations qui suivirent ce mouvement. La traite des nègres, favorisée alors par les puissances européennes, avait versé sur les Antilles une innombrable quantité d'individus des deux sexes arrachés à l'Afrique. Les colons s'attachaient surtout à avoir des femmes, qu'ils mariaient à leurs nègres, parce que de ces unions naissait pour eux une génération d'esclaves. Les colons de leur côté s'acclimataient, et leurs enfants, de jour en jour plus robustes, n'avaient plus à souffrir de l'influence délétère d'une atmosphère brûlante ; les affections de famille avaient pris la place des goûts sauvages des boucaniers, et l'humeur vagabonde des aventuriers s'était convertie en l'amour du sol natal.

Les créoles, nom par lequel on désignait les blancs nés dans l'île, avaient une réputation méritée de franchise et de courage ; ils passaient pour hospitaliers ; mais on leur reprochait avec raison d'être fiers et présomptueux, méprisants pour les étrangers, et très-indifférents en matière de religion. Ils ressemblaient fort peu sur ce point aux colons espagnols, qui étaient en apparence les hommes du monde les plus religieux, observant exactement les fêtes et les préceptes de l'Église, jeûnant, assistant tous les jours à la messe, récitant chaque soir le rosaire, et malgré ces pratiques, souvent austères, se livrant sans scrupule à l'inaction, à la mollesse et à la débauche.

Nous ne dirons qu'un mot des nègres. Dans l'origine on les traita comme des bêtes de somme. Quand les mœurs des colons s'adoucirent, et que de boucaniers farouches ou d'audacieux flibustiers ils furent devenus habitants paisibles, la condition des nègres s'améliora, mais on continua de les nourrir mal, de les surcharger de travail, et de punir très-sévèrement les plus légères fautes. On ne s'accorde pas trop sur les qualités qu'on leur attribue. On convient en général qu'ils sont doux et dociles, bien que susceptibles de s'exalter jusqu'à la fureur; mais suivant les uns, ils sont grossiers, stupides, complétement dépourvus d'intelligence et de mémoire; suivant les autres, ils sont rusés, railleurs, dissimulés. Ce qui est certain, c'est que, si des nègres se sont montrés implacables et cruels dans leurs vengeances, on en a vu aussi de généreux et de reconnaissants.

CHAPITRE XVI

Révolution de Saint-Domingue. — République d'Haïti. — Conduite imprudente des colons. — Assemblée coloniale de Saint-Marc. — Première insurrection. — Révolte générale des nègres. — Massacre des blancs. — Toussaint Louverture. — Invasion des Anglais repoussée.

Les habitants de Saint-Domingue n'avaient pris

qu'une part très-indirecte aux événements précurseurs de la révolution française, c'est-à-dire antérieurs au 14 juillet 1789. Mais après cette époque on vit surgir dans la partie du nord, la plus riche et la plus peuplée de la colonie, ces mouvements convulsifs dont la cause paraît inconnue, mais qui annoncent un orage. Le 14 juillet, avec toutes ses conséquences, ne fut pas plutôt connu, que les têtes s'exaltèrent ; les idées de liberté germèrent, et ces imprudents colons qui appelaient sur leur sol l'hydre des révolutions, ne comprenaient pas que, dans un pays qui n'est soutenu que par les esclaves, c'était porter un coup mortel à leurs intérêts que de détruire le prestige qui faisait toute leur force. Donner aux esclaves le dangereux exemple de l'insubordination, prononcer les mots d'indépendance et de liberté, n'était-ce pas allumer de leurs propres mains l'incendie qui dévorerait leurs propriétés, aiguiser les poignards qui se teindraient de leur sang ?

En effet, l'autorité du gouverneur et de l'intendant ne tarda pas d'être méconnue ; et, à l'exemple des Français, les colons voulurent avoir une assemblée délibérante, où, indépendamment des pouvoirs constitués, on pût discuter les nouveaux intérêts qui se formaient. Cette assemblée se réunit à Saint-Marc, bourgade peu éloignée du Cap et dans laquelle s'étaient manifestés les premiers symptômes d'insurrection. Au Petit-Goave, ces symptômes s'annoncèrent par le meurtre du magistrat du canton, soupçonné d'être favorable à la caste des *sang-mêlés* ; car il est bon de dire que là, comme en France, chacun voulait de la liberté, de l'égalité, de l'indépendance, afin d'abaisser ce qui était au-dessus de soi, mais non pour élever ce qui était au-dessous.

Déjà les mulâtres ou hommes de couleur, et même les nègres, commençaient à élever la voix pour se plaindre de l'oppression et réclamer les droits que leur assurèrent plus tard les décrets de l'assemblée constituante de 1791 et 1792. Cependant le gouverneur de la colonie, craignant pour son avenir compromis par les déclamations des colons députés à l'assemblée, prit le parti de mettre fin aux séances en employant la force. Les députés, effrayés par l'appareil militaire déployé contre eux, se sauvèrent à bord du vaisseau *le Léopard*, qui les transporta en France.

Avant cette époque, il s'était formé à Paris, à l'hôtel Massiac, un club colonial composé des plus riches propriétaires de Saint-Domingue. Les députés de Saint-Marc s'y présentèrent en victimes de la cause de la liberté, et furent reçus avec acclamation. Un quarteron (1) de Saint-Domingue nommé Jacques Ogé avait rapporté de Paris, où il était allé faire ses études, un grand enthousiasme pour ce qu'on nommait alors la liberté. Admis dans le club Massiac ou des Négrophiles, il fut initié par Robespierre et Brissot dans la doctrine des droits de l'homme. Il arriva le 11 octobre 1790 à Saint-Domingue sur un bâtiment anglo-américain. Ses compatriotes l'ac-

(1) Né d'un blanc et d'une mulâtre.

cueillirent avec enthousiasme, et, adoptant ses idées, ils se rangèrent sous sa bannière; c'était celle de la révolte, du pillage et du meurtre. Le gouverneur envoya des troupes contre lui; et les rebelles furent bientôt forcés de battre en retraite. Poursuivis de près, Ogé, son lieutenant Chabannes, homme sanguinaire, et les principaux conjurés se réfugièrent sur le territoire espagnol. Le gouverneur du Cap réclama leur extradition avec tant d'instances, que le commandant espagnol crut devoir les lui livrer. Les deux chefs furent punis par le supplice de la roue, les autres pendus, et les moins coupables condamnés aux galères. Les mulâtres, intimidés, protestèrent de leur dévouement et se tinrent tranquilles, bien qu'ils eussent intérieurement désiré qu'Ogé réussît.

Quelque temps après cette exécution, on reçut le décret de l'assemblée constituante du 15 mai 1791, qui déclarait admissibles dans les assemblées coloniales les hommes de couleur nés de père et de mère libres. L'effet du tonnerre n'est pas plus prompt que le fut celui de ce décret sur les esprits, une sorte de délire saisit toutes les têtes. Les blancs virent alors dans quel abîme ils s'étaient eux-mêmes plongés; ils manifestèrent une opposition assez vive. Il n'était plus temps : les sang-mêlés, accoutumés à dissimuler, eurent pendant quelques jours l'air d'ignorer qu'ils venaient d'acquérir des droits qui les égalaient à leurs anciens maîtres; mais bientôt ils en réclamèrent l'usage avec énergie.

Cependant une vaste conspiration s'ourdissait dans l'ombre. Les mulâtres avaient fait un appel aux noirs, et ceux-ci y répondirent. Ils n'attendirent même pas pour agir le signal que les mulâtres devaient leur donner. Un incendie éclata sur une habitation du quartier de Limbé; les noirs attentèrent à la vie du gérant des ateliers; mais, comme ils s'étaient trop pressés et qu'ils ne purent être secourus par leurs complices, ils furent arrêtés et conduits au Cap. Condamnés à périr, ils aimèrent mieux subir leur arrêt que de racheter leur vie par la dénonciation de leurs complices.

La révolte éclata le 23 août 1791. En un instant l'horizon se trouva obscurci par d'épais tourbillons de fumée, du sein desquels on vit bientôt après jaillir de brillantes gerbes de flammes. De l'habitation Noé, l'incendie gagna en peu d'heures toutes les habitations de la plaine du Cap. Semblables à des animaux féroces qui ont brisé leurs chaînes, les noirs, ivres de fureur, couraient de tous côtés, la torche d'une main, le fer dans l'autre, et massacraient sans pitié hommes, femmes, enfants, vieillards, devant leurs habitations embrasées. Quelques-uns, avec une joie féroce, repoussaient au milieu des flammes les malheureux colons qui cherchaient à se sauver. Ces épouvantables scènes se renouvelèrent durant plusieurs jours consécutifs. Un esclave nommé Boukman dirigeait les assassins et les encourageait de la voix et de l'exemple au carnage et à la destruction.

On assure qu'avant d'exécuter leur plan de révolte, les nègres, pour se rendre le Ciel favorable, avaient offert un sacrifice solennel à leurs fétiches, après avoir choisi pour cela un terrain vierge, c'est-à-dire resté jusque-là sans culture. La victime était un cochon noir, autour duquel on plaça les fétiches. Ils l'avaient chargée d'offrandes. Après quelques cérémonies d'usage, une jeune fille, vêtue d'une tunique blanche, plongea le couteau sacré dans les entrailles de l'animal. Les nègres recueillirent son sang, qu'ils burent avec avidité ; ils se partagèrent aussi le poil de la victime, qu'ils regardaient comme une espèce de talisman propre à les rendre invulnérables.

Il serait difficile de dire à quels horribles excès se livrèrent les sang-mêlés et les noirs : ils semblaient lutter entre eux de cruauté envers les blancs. Deux mille colons furent massacrés ; onze cents plantations de cannes à sucre, de café, de coton et d'indigo furent détruites; le meurtre et l'incendie s'étendirent sur un rayon de vingt-cinq myriamètres autour du Cap. Beaucoup de blancs vendirent chèrement leur vie; ils ne tombèrent que sur des monceaux de cadavres de leurs ennemis, dont il périt, dit-on, plus de dix mille.

Les divers gouvernements qui se succédèrent en France envoyèrent des commissaires à Saint-Domingue; mais tous ces commissaires, démagogues insensés, ne négligèrent aucun moyen d'anéantir à jamais cette colonie. Il résulta de leurs efforts que la colonie se déclara indépendante et libre ; qu'elle adopta le gouvernement républicain, et que la France perdit les avantages qu'elle en retirait : un commerce annuel de quatre cents millions, une balance de quatre-vingts avec l'étranger, les matières dont s'alimentaient les manufactures, le mouvement qu'imprimait à la France entière l'activité de ce commerce. De vaines théories philanthropiques tarirent la source de nos richesses coloniales, et l'auteur forcené de l'horrible vœu : *Périssent les colonies plutôt qu'un principe!* put se glorifier d'avoir détruit en un jour l'ouvrage de près de deux siècles. La jalouse Angleterre applaudissait aux divagations funestes de nos hommes d'État, et nos hommes d'État s'applaudissaient à leur tour d'avoir fait triompher un principe aux dépens de la richesse publique.

Leurs dignes représentants, les commissaires envoyés à Saint-Domingue, auraient probablement réussi à perdre la colonie non-seulement pour la France, mais pour tous ses habitants, s'il ne s'était trouvé parmi les noirs un homme doué de la plus haute intelligence, qui entreprit de se mettre à la tête de ses compatriotes pour défendre la colonie contre les agents désorganisateurs. Cet homme était Toussaint Louverture, qui résista d'abord au gouvernement de la métropole, cessa bientôt après de le reconnaître, et, devenu maître du pays, ne s'occupa que des moyens de consolider son ouvrage par de bonnes lois, propres aux circonstances et aux hommes qu'il devait gouverner. Loin d'expulser les blancs, il voulut les maintenir dans leurs habitations et les protéger ; il fit entendre à ses nègres que la liberté n'excluait pas l'obligation du travail; il nomma des inspecteurs de la culture, chargés de parcourir les habitations, et de tenir la main à ce que le travail se fît partout régulièrement.

Les Anglais, alors en guerre contre la France, crurent l'occasion favorable pour s'emparer de Saint-Domingue. Ils y firent passer quatorze mille hommes, qui exécutèrent leur descente sans aucune opposition de la part des colons; mais les nègres, sous les ordres de Toussaint et de son lieutenant Rigaud, les tinrent constamment en échec ; et, profitant des ravages que faisaient chez eux les maladies, ils les harcelèrent si bien, qu'après avoir perdu la moitié de leur armée et cent vingt millions de francs, montant des frais de l'expédition, les Anglais furent obligés de se retirer.

Après leur retraite, la guerre éclata dans la colonie entre Toussaint et Rigaud, qui s'était créé dans les quartiers du sud une autorité à peu près égale à celle de Toussaint dans le nord. A la fin la fortune se déclara pour Toussaint, et Rigaud fut obligé de quitter Haïti. Il se retira en France avec Pétion, Boyer, et quelques autres hommes de couleur. Rigaud tâcha d'armer le directoire contre Toussaint, qui de son côté ne laissait passer aucune occasion de protester de son dévouement pour la France. Indépendant de fait, il continua d'user de son pouvoir pour maintenir la paix publique, protéger les blancs contre les ressentiments des noirs, et prendre les précautions nécessaires pour garantir les noirs d'une réaction de la part des blancs.

CHAPITRE XVII

Paix d'Amiens. — Le général Leclerc. — Toussaint en France. — Le général Rochambeau. — Dessaline et Pétion. — Christophe ; sa cour. — Boyer. — Indépendance d'Haïti reconnue.

Cet état de choses se prolongea jusqu'à la paix d'Amiens, signée entre la France, l'Angleterre, l'Espagne et la Suisse (27 mars 1802). Cette paix, qui en définitive ne fut utile qu'à l'Angleterre, devint funeste à la colonie, parce qu'elle donna au premier consul les moyens d'y envoyer une puissante armée, qui, sous prétexte de faire rentrer les noirs dans l'obéissance, y porta le ravage et la destruction. Le traité de Bâle (1), entre la France et l'Espagne (22 juillet 1795) n'avait reçu aucune exécution ; l'armée du général Leclerc avait la double mission de subjuguer les noirs et de conquérir le reste de l'île.

Il aurait fallu, pour réussir, un homme réfléchi, dont la raison mûrie par les années eût dirigé le courage, et dont les opérations sagement calculées

(1) Par ce traité, la république restituait toutes ses conquêtes d'au delà les Pyrénées, et l'Espagne cédait en dédommagement toute la partie espagnole de Saint-Domingue.

eussent été mises en proportion avec les moyens d'exécution. Leclerc, fils d'un marchand de farine, de la petite ville de Pontoise, était né soldat, mais l'audace, l'intrépidité, la bravoure, ne suffisent pas à un général d'armée qui de conquérant doit devenir administrateur ; Leclerc avait connu Bonaparte à Toulon, et de sous-officier devenu adjudant général, il épousa une des sœurs de Bonaparte. Il seconda plus tard le mouvement du 18 brumaire, qui porta son beau-frère au consulat et le poussa lui-même à un commandement supérieur.

Il serait trop long de faire l'histoire de cette guerre ; qu'il suffise de dire que les soldats français, comme à leur ordinaire, y trouvèrent de la gloire ; les généraux ramassèrent de l'or, mais cet or était souillé de sang. Un nombre infini de noirs et de mulâtres périrent dans les supplices (1) ; tous ceux qu'on supposa auteurs ou complices du massacre des blancs furent sacrifiés impitoyablement. Toussaint et plusieurs généraux noirs, contraints de capituler, furent, au mépris des conventions, jetés dans un vaisseau qui les transporta en France. Toussaint, à qui des milliers de colons devaient la vie et la conservation de leurs propriétés, traité en rebelle, fut enfermé au château de Joux, où il mourut au bout de quelques mois.

---

(1) On les entassait dans des barques, où on les étouffait. Quelques-uns étaient brûlés, d'autres pendus ou noyés, d'autres dévorés par des chiens dressés à cet horrible exercice, et amenés de la côte espagnole.

Cet homme extraordinaire, né de parents esclaves sur l'habitation Breda, qui appartenait à la famille de Noé, commença sa carrière en qualité de conducteur ou gardeur d'animaux. A l'époque de l'insurrection, grâce à l'instruction qu'il avait acquise sans autre secours que ses propres observations, il devint médecin de l'armée des noirs. Bientôt après il passa en qualité de colonel au service de l'Espagne, qu'il quitta pour se joindre au général français Laveaux; celui-ci luttait péniblement alors contre les blancs qui, dans leur démagogie insensée, travaillaient de toutes leurs forces à leur propre ruine. Pour prix de ses services, il reçut le titre de général de brigade; en 1796, il fut nommé général en chef des armées de la République. Du poste où la fortune, secondant son mérite, venait de l'élever, à la puissance suprême, il n'y avait qu'un pas; Toussaint franchit aisément l'intervalle. Il se débarrassa peu à peu de tous ceux qui pouvaient le gêner dans l'exercice du pouvoir absolu, et il gouverna ainsi sans obstacle jusqu'à l'arrivée de Leclerc, qui, s'étant rendu à l'île de la Tortue, y succomba au mal qui l'assaillit, et qui résista aux efforts de l'art.

La mort de Leclerc fit tomber le commandement aux mains du général de division Rochambeau, qui, depuis plusieurs années nommé gouverneur général de Saint-Domingue, n'avait pu encore se mettre en possession de son gouvernement. La conduite de ce dernier acheva d'exaspérer les esprits; dictée par une haine longtemps concentrée qui trouvait enfin à se satisfaire, elle poussa les nègres à la révolte. D'autre part, la mauvaise administration, la cupidité des généraux et des employés de toute espèce, l'insalubrité du climat, les privations et la misère qu'éprouvaient les soldats, une chaleur constante de trente degrés, les embuscades des noirs à chaque pas, les incendies qui presque tous les jours dévoraient quelque habitation; tout faisait présager une issue funeste de la guerre qui s'était rallumée plus vive que jamais.

La rupture du traité d'Amiens ne tarda pas à décider la question. Les Anglais s'étaient contentés jusque-là d'exciter sous main à la révolte les noirs et les mulâtres, et de leur faire passer des munitions et des armes. La guerre une fois déclarée, ils débarquèrent sur les côtes du nord en grand nombre pour favoriser l'insurrection, et, à l'aide des troubles, tenter de nouveau la conquête. Dessalines avait été choisi par les noirs pour remplacer Toussaint Louverture. Cet homme, d'un courage à toute épreuve, mais d'un caractère sanguinaire, sauvage et perfide, actif et vigoureusement constitué, se croyant supérieur en talents à son prédécesseur, conçut le dessein de se servir des Anglais pour détruire l'armée française, tandis que lui-même égorgerait sans pitié tous les colons que Toussaint avait épargnés, et de tourner ensuite ses armes contre les Anglais, pour les expulser de l'île.

Dessalines réussit dans ses odieux projets. Après plusieurs actions meurtrières entre les Anglais réunis aux noirs auxiliaires, et l'armée française déjà réduite des deux tiers par les combats, la disette et les maladies, Rochambeau fut contraint de capituler. Les vainqueurs lui permirent de ramener en France les faibles débris de ses troupes. Dans le même temps l'atroce Dessalines faisait exécuter avec ordre le massacre des blancs qu'il avait froidement calculé. Ce furent d'horribles représailles : à l'arrivée de Leclerc, les colons, soutenus par l'armée, avaient immolé par milliers les noirs et surtout les mulâtres; sous Rochambeau, des flots de sang européen ou créole coulèrent sur les traces encore fumantes du sang africain.

Les Anglais ne furent pas plus heureux dans leur projet d'invasion pour leur compte, qu'ils ne l'avaient été huit ou neuf ans auparavant. La résistance dont ils virent partout les préparatifs leur ôta toute idée de conquête, et ils se retirèrent, satisfaits d'avoir contribué si efficacement à soustraire la colonie à la domination de la France : l'ennemi peu généreux se console par le mal qu'il fait de n'avoir rien gagné pour lui-même.

Aussitôt que les Anglais eurent effectué leur retraite, Dessalines, maître absolu, se livra sans retenue à son ambition. Il prit le titre d'empereur, celui de roi ne lui suffisant pas, et un affreux despotisme s'étendant sur le nouvel empire lui aliéna le cœur de ses sujets; on conspira contre lui. Pétion, homme de couleur, s'insurgea contre le tyran dans l'intérêt de sa caste. Il s'était emparé de Port-au-

Prince, sur la côte de l'ouest, et de la partie du sud. Dessalines battit plusieurs fois ses troupes, mais à la fin il tomba dans une embuscade, et y périt.

Christophe, ancien compagnon de Toussaint Louverture, s'empara de la succession de Dessalines, et l'humanité y gagna peu de chose. Comme avant de rien entreprendre contre Pétion, il voulait affermir sa propre autorité, il se retira dans le nord, où Pétion ne songea pas à le poursuivre, occupé qu'il était à réparer les pertes qu'il avait subies. On assure qu'une négociation s'ouvrit alors entre les deux chefs, et qu'il fut convenu qu'on s'occuperait d'une constitution républicaine, et que Christophe en serait reconnu président. Pétion a donné assez de preuves de générosité peu commune et de grandeur d'âme pour qu'on puisse croire qu'il aurait sacrifié tous ses droits au bonheur de sa patrie; mais Christophe dédaigna le titre qui lui était offert; il resta dans le nord avec son armée. Après s'être assuré de sa fidélité, il marcha sur Port-au-Prince (1), défit Pétion en bataille rangée le 1er janvier 1807, s'empara de la ville, et bientôt après fut contraint lui-même de battre en retraite. Boyer, ami et lieutenant de Pétion, avait rallié les débris de l'armée vaincue, et l'actif Pétion était accouru avec des troupes nouvelles. Alors, et comme si une convention avait ter-

(1) Aujourd'hui Port-Haïtien, capitale de l'île, peuplée d'environ vingt-cinq mille habitants. Il y en avait autrefois quarante mille; mais elle fut bouleversée en 1770 par un tremblement de terre, et brûlée par les noirs en 1792.

miné la querelle entre les deux chefs, Christophe régna au nord, Pétion eut l'ouest et le sud, qu'il érigea en république; et tandis que Chrisitophe s'arrogeait la puissance suprême sous le titre de Henri Ier, roi d'Haïti, Pétion faisait proclamer la constitution républicaine qu'il donnait à ses compatriotes.

Cette constitution, qui portait la date du 27 décembre 1806, et qui a été modifiée le 2 juin 1816, abolit l'esclavage, reconnaît que les droits de l'homme sont *la liberté*, *l'égalité*, *la sûreté* et *la propriété*; déclare la ville de Port-au-Prince capitale de la république, abolit l'effet rétroactif des lois, déclare que la souveraineté ne réside que dans l'universalité des citoyens, décrète la liberté de la pensée, ordonne qu'il sera fait des lois civiles, criminelles, de commerce, de procédure et d'instruction; dispose qu'aucun blanc ne pourra être reçu dans Haïti à titre de maître ou propriétaire; déclare que la religion catholique, apostolique et romaine, est celle de l'État; établit une chambre de commerce, un sénat, un président à vie de la république, règle l'administration de la justice, etc.

Quant à Christophe, il se contenta d'abord du titre de chef qu'il porta quelque temps; mais bientôt, entraîné par son ambition, il s'entoura de toutes les pompes de la royauté, créa une noblesse, des ducs de Dondon, de la Limonade, de la Marmelade, du Trou, etc., des grands maréchaux avec le titre d'altesse, des grands officiers civils, des princes, des ducs héréditaires et à brevet, des comtes, des barons, des chevaliers, etc. Sa maison se composa de grands officiers, de gentilshommes d'honneur, de gouverneurs de ses quinze palais, de chambellans, d'écuyers, etc.; le tout sans préjudice de la maison militaire, aussi nombreuse que l'ancienne maison militaire des rois de France. Christophe donna aussi une maison à la reine, une au prince royal son fils, une autre aux princesses ses filles; rien absolument ne manquait à la cour du roi père. Vient ensuite le conseil : c'était l'ordre royal et militaire de Saint-Henri, l'organisation militaire, l'organisation religieuse, le cérémonial, l'étiquette, les cercles de la cour, etc. On eût dit que toutes ces créations monstrueuses (quand on les considère relativement au peuple qu'elles concernent) étaient destinées au plus puissant empire du monde. Christophe se fit couronner le 2 juin 1811; sa femme fut couronnée avec lui.

Les choses étaient à peu près en cet état à Saint-Domingue, quand Louis XVIII revint en France, en avril 1814; il y avait donc une monarchie absolue dans les provinces septentrionales de l'ancienne partie française, une république dans l'ouest et le sud, et la partie espagnole sous la domination incertaine de l'audience royale, qui ne savait encore si elle devait se conserver fidèle à Ferdinand VII, ou suivre l'exemple contagieux de tous les États d'Amérique; car, quoique, par le traité de Bâle, l'Espagne eût cédé à la France l'entière propriété de Saint-Domingue, cette cession ne s'était pas opérée;

et par le traité de Paris du 30 mai 1814, il fut stipulé que la partie de Saint-Domingue cédée à la France par le traité de Bâle serait rétrocédée à l'Espagne.

A peine rétabli sur le trône, Louis XVIII s'occupa de Saint-Domingue, qu'il s'était réservé le droit de reconquérir. Ce fut le ministre de la marine Malouet, déjà dans un âge avancé, que le roi chargea de cette mission difficile, et le ministre, hors d'état de la remplir lui-même, la confia à des mains inhabiles : des commissaires, ou pour mieux dire des espions, furent envoyés à Saint-Domingue, non comme mandataires du roi, mais comme agents du ministre. Ils étaient chargés de sonder l'esprit public, de chercher à connaître l'état exact de la colonie, ses forces, ses ressources, etc. Cette tentative n'eut et ne devait avoir aucun succès; elle nuisit au contraire à la France, en ce qu'elle remplit les noirs et les mulâtres de méfiance et de soupçons. Christophe se montra d'abord très-offensé de ce qu'on ne le traitait pas de roi et de majesté; il fit même arrêter un des trois commissaires qui avait débarqué sur la partie espagnole, d'où il se préparait à passer sur la partie française. Traité comme espion, il fut interrogé, jugé, privé de liberté; il périt en prison très-peu de temps après. Pour motiver ce procédé, Christophe fit publier toutes les pièces dont ce malheureux était porteur; il en résultait que sa mission était celle d'un honnête espion. Le roi de France, informé de ce qui venait de se passer, ordonna au ministre de désavouer tout ce qu'on avait fait. Ce désaveu fut rendu public par la feuille officielle (le *Moniteur* du 10 janvier 1815).

Ce qui avait donné à ce premier acte du gouvernement la caractère odieux dont les noirs l'avaient flétri, c'était le coïncidence de cette démarche avec la publication de quelques écrits passionnés, où les anciens colons exhalaient leurs ressentiments et leur haine. Ils ne rêvaient que vengeance, destruction et massacre ; ils voulaient anéantir toute la race noire, sans distinction d'âge ni de sexe. Il n'y aurait d'exception que pour les enfants au-dessous de six ans, qui seraient élevés dans la servitude. L'impression que de tels écrits faisaient dans les esprits devait y laisser des traces trop profondes pour qu'on pût se flatter d'y détruire la méfiance ; aussi les commissaires envoyés par Louis XVIII vers la fin de 1816 n'obtinrent-ils pas plus que leurs devanciers. La seule chose qu'ils gagnèrent sur la répugnance des Haïtiens, ce fut le rétablissement de quelques relations commerciales avec les Français *qui n'avaient pas été colons.*

Ce fut peut-être un tort de la part du gouvernement français d'employer pour ces négociations d'anciens colons, en qui les noirs supposaient toujours le désir de ressaisir leurs propriétés et leurs esclaves ; aussi le roi Christophe publia-t-il une note dans laquelle il disait que les commissaires du roi avaient tous, en leur qualité d'ex-colons, intérêt à détruire son gouvernement. Il ne se trompait pas pour la qualité d'ex-colon : le vicomte de Fantanges, lieutenant général, le conseiller d'État Esmangart, avaient en effet possédé de grandes propriétés à Saint-Domingue. Il en était de même des quatre autres commissaires, qui du reste ne parurent nullement dans les négociations, dont tout le travail roula sur le conseiller Esmangart.

Avant que les commissaires fussent arrivés, la constitution de la république d'Haïti avait reçu quelques modifications; à peine les négociations furent-elles rompues, que le sénat nomma Pétion président à vie au lieu de président à temps. Le décret est du 9 octobre 1816; la dernière entrevue du conseiller Esmangart et de Pétion avait eu lieu la veille; le 9, le vaisseau du roi s'éloignait; les commissaires ne voulurent pas être témoins de la cérémonie du lendemain : *la prestation du serment de maintenir la constitution et de faire respecter l'indépendance du peuple.* La frégate française qui les transportait s'approcha du Cap; dans la journée du 17, elle fit divers signaux auxquels on ne répondit pas; elle dut s'éloigner. Les commissaires envoyèrent une lettre à Christophe; mais comme elle était adressée simplement *au général Christophe au Cap-Français*, le roi Christophe et tous les princes et ducs de sa cour en furent extrêmement scandalisés.

On dit que le refus que Pétion crut devoir faire dans l'intérêt du peuple qui lui avait confié ses destinées avait été pour lui une source féconde de soucis. Il craignit pour son pays les ressentiments de la France, et dans ce cas une immense responsabilité pesait sur sa tête. Il ne poussait pas, comme

Christophe, la confiance en ses forces jusqu'au délire; et, malgré le peu de succès de Leclerc et de Rochambeau, il ne doutait nullement que, si la France envoyait une armée commandée par un chef habile, Haïti ne dût succomber. Quoi qu'il en soit, il est certain que depuis ce moment il fut toujours d'une santé languissante, et que son mal, dégénérant en marasme, le conduitsit au tombeau (29 mars 1818); il était âgé de quarante-huit ans seulement. Ses obsèques furent magnifiques. Plusieurs discours furent prononcés sur sa tombe, et l'on peut dire que sa mort excita des regrets universels. On lui éleva un mausolée en marbre sur la grande place de Port-au-Prince, contre un palmier qu'il avait lui-même planté de ses mains pour être le symbole de la liberté.

Boyer, général de l'armée, que Pétion désigna en mourant pour lui succéder, fut immédiatement élu par le sénat, qui sentit fort bien que l'interrègne, surtout s'il se prolongeait, pourrait ouvrir l'entrée des terres de la république à Christophe ou à la France.

Cependant le roi Christophe, dont le naturel n'était pas moins féroce que celui de son prédécesseur Dessalines, avait tellement fatigué ses nobles et ses généraux, que tous cherchaient l'occasion de secouer le joug. Richard, commandant du Cap et duc de la Marmelade, conspira contre lui. Le colonel Paulin, un des conjurés soupçonnés par Christophe, fut jeté dans une prison. Richard, qui craignit que Paulin ne fît des aveux qui l'auraient perdu lui-même, pressa le mouvement, qui ne devait éclater que quelques jours plus tard. Le commandant de Saint-Marc, autre conjuré, leva le premier l'étendard de la révolte, et se mit sur-le-champ en communication avec Boyer. Richard, de son côté, opéra une diversion dans la ville même du Cap.

Christophe monta aussitôt à cheval, ordonna à sa garde de le suivre; mais sa garde déclara qu'elle voulait s'unir aux insurgés et à la république de Boyer. Christophe, comprenant alors que son règne était fini, et craignant d'être livré à Boyer ou de tomber vivant entre ses mains, se retira dans son palais de Sans-Souci, et d'un coup de pistolet mit un terme à son existence. Aussitôt qu'on eut appris la mort du tyran, une explosion de joie se manifesta au Cap et se répandit rapidement au dehors. Le palais de Sans-Souci fut mis au pillage. D'après une lettre du Cap, publiée par le *Journal du Commerce* du 21 janvier 1821, on évaluait à un million de gourdes (1) les diamants et les bijoux enlevés; deux cent cinquante mille gourdes furent trouvées dans la caisse de Sans-Souci; celle du Cap en contenait autant. Ces deux sommes furent distribuées à l'armée. On évalua le trésor de la Ferrière (2) à quarante-cinq millions de gourdes, sans compter les titres de trois millions de livres sterling à la banque d'Angleterre, quatorze cent milliers de café et huit cent milliers de coton.

(1) La gourde vaut 5 f. 20. c.
(2) Château fort construit à grands frais par Christophe.

Boyer ne perdit point de temps pour mettre l'insurrection à profit. Il envoya aussitôt des proclamations au Cap, tant pour arrêter le désordre que pour faire restituer les diamants et autres objets appartenant à l'État. Il aurait voulu sauver le fils de Christophe, âgé seulement de seize ans; mais déjà les révoltés l'avaient mis à mort. La femme et la fille de Christophe, qu'on appelait la princesse Athénaïs, furent conduites à Port-au-Prince, où Boyer pourvut à leurs besoins.

Cependant le général Richard, qui n'avait voulu renverser Christophe que pour s'élever à sa place, engagea tous les généraux à se réunir à lui pour empêcher la jonction des quartiers du nord aux terres de la république; mais l'activité de Boyer déjoua ses projets. Tous les régiments prêtèrent serment de fidélité à la république. Le colonel Paulin, confident de Richard, fut blessé mortellement au siége de Saint-Marc, dont il voulait se rendre maître; il mourut à l'hôpital. Les généraux Jérôme et Doison, qui s'étaient emparés du quartier de Gonaïves, furent obligés de se soumettre; le commandant Belzunce et plusieurs officiers supérieurs furent arrêtés; enfin le chef de la conspiration, qui faisait agir les autres sans jamais se montrer, fut pareillement arrêté au Cap et conduit avec les autres prisonniers à Port-au-Prince, où ils furent jugés par un conseil de guerre et condamnés à la peine de mort.

Tandis que Boyer était au Cap, où tant d'événements avaient nécessité sa présence, il reçut plusieurs invitations des habitants de la partie espagnole de l'île pour qu'il allât prendre possession de leur territoire, et qu'il l'incorporât à celui de la république. Il refusa d'abord, parce qu'il ne voulait pas commettre d'hostilités contre l'Espagne; mais lorsqu'il eut appris que les insurgés de l'Amérique du Sud faisaient de grands préparatifs pour s'emparer de cette partie, il y envoya des troupes qui, d'accord avec les habitants, s'établirent à Santo-Domingo, à Monte-Christo, à Samana, ce qui suffit pour empêcher les insurgés américains de faire aucune tentative; et l'incorporation s'opéra sur-le-champ sans éprouver aucun obstacle; de sorte que la domination de Boyer s'étendit sur l'île entière. Depuis ce moment, l'ordre et la tranquillité n'ont plus été troublés, et le président a pu se livrer sans obstacle à l'organisation définitive de l'ancien royaume de Christophe.

Le gouvernement français crut que le moment était favorable pour reprendre les négociations qui avaient échoué en 1816, mais en leur donnant une autre base. A cette époque, les commissaires du roi demandaient la *souveraineté constitutionnelle*, et Pétion refusa de la reconnaître. Deux ans auparavant (1814), ils avaient demandé la *souveraineté absolue;* maintenant (1821) ils se contentaient de la *suzeraineté* ou du *droit de protection*, et Boyer rejeta cette nouvelle demande, se contentant d'offrir des avantages commerciaux et une indemnité pour les colons dépossédés. Les négociations furent encore rompues. Le cabinet des Tuileries garda le silence pendant deux ans : en 1823, le président Boyer fit entamer par un de ses agents, qui se trouvait à Bruxelles, de nouvelles négociations ; mais comme le négociateur haïtien ne parla plus d'indemnité, les deux agents se séparèrent sans avoir rien fait ; le commissaire (c'était le même Esmangart) écrivit au président d'Haïti pour lui faire connaître les motifs de cette troisième rupture. Il ajouta que s'il voulait autoriser quelqu'un à traiter d'après les conditions qu'il avait proposées lui-même en 1821, c'est-à-dire accorder une indemnité et des avantages commerciaux, on pourrait terminer sur cette seule base. Le président se hâta d'envoyer en France deux commissaires ; mais pour la quatrième fois les négociations finirent par une rupture (1824). On se fonda, de la part du conseiller Esmangart et du ministre de la marine, sur ce que les commissaires haïtiens exigeaient que la déclaration ou reconnaissance de l'indépendance d'Haïti s'étendît à la partie espagnole incorporée depuis deux ans à la république ; et de la part des commissaires haïtiens, sur ce que le ministre de la marine demandait pour la France la *souveraineté extérieure.*

Il paraît pourtant que les relations entre Haïti et l'ancienne métropole ne cessèrent pas entièrement, ou que même elles continuèrent activement, mais en secret, entre le cabinet français et le président. Celui-ci sentait que, pour sortir de l'état précaire où ils se trouvaient, les Haïtiens avaient besoin de faire reconnaître leur indépendance, et l'on était généralement persuadé en France que si la colonie était définitivement perdue pour la métropole, il fallait au moins assurer au commerce de France les avantages que lui offrait Haïti, et qu'il ne pouvait obtenir que par la déclaration d'indépendance.

Ce qui semble prouver que les négociations n'avaient pas cessé, c'est que l'arrivée dans les eaux de Port-au-Prince (3 juillet 1825) d'une division française composée d'une frégate et de deux autres bâtiments, ne causa aucune surprise ; on eût dit qu'elle était attendue. Le baron de Mackau, commandant de la division, écrivit aussitôt au président pour lui annoncer qu'il était porteur d'une ordonnance royale. L'accueil qu'il reçut dut lui donner dès le premier jour l'espoir du succès. Des conférences s'ouvrirent immédiatement entre lui et trois commissaires délégués par le président, et au bout de trois jours ce fut avec le président lui-même qu'elles eurent lieu. Le résultat de cette entrevue fut l'acceptation pure et simple de l'ordonnance, ce qui occasionna dans la ville de vifs transports d'allégresse ; le sénat, convoqué le 11 du même mois, entérina l'ordonnance. L'escadre qui avait accompagné le commissaire du roi étant arrivée sur l'avis que lui envoya ce dernier, les contre-amiraux qui la commandaient et tous les officiers de marine descendirent à terre pour prendre part aux fêtes qui accompagnèrent cette solennité.

L'indépendance du peuple haïtien fut donc reconnue par le roi de France, dans son ordonnance du

17 avril 1825 ; il fut stipulé que le gouvernement d'Haïti paierait une indemnité de cent cinquante millions, et que les navires du commerce français qui aborderaient à Saint-Domingue ne paieraient que la moitié des droits imposés aux autres peuples.

Le président Boyer a continué de gouverner la colonie avec non moins de sagesse que de bonheur. Haïti vient de le perdre, et le choix du sénat est tombé sur le général Pierrot, dont le premier acte a été de vouloir transporter au Cap le siége du gouvernement, prétention à laquelle, dit-on, le sénat opposé une vive résistance.

FIN

TABLE

INTRODUCTION. 1

CHAPITRE PREMIER

Des Antilles ; vents alizés ; Saint-Domingue ou Haïti ; mœurs, usages des anciens habitants. 6

CHAPITRE II

Christophe Colomb. — Découverte de l'île d'Haïti. 32

CHAPITRE III

Colomb prend possession de l'île d'Haïti, à laquelle il donne le nom d'*Ile Espagnole*. — Son départ pour l'Espagne. 42

CHAPITRE IV

Retour de Colomb à l'Ile Espagnole ; il visite les mines de Cibao, se fait des ennemis, repart pour l'Espagne. — Fondation de *Santo-Domingo* par Barthélemy Colomb, frère de l'amiral. 55

CHAPITRE V

Révolte de l'alcade-major. — Retour de l'amiral. — Suite de la révolte. — Améric Vespuce et Ojeda partent pour les Indes. — Disgrâce de Colomb ; on lui donne des successeurs. — La ville de Saint-Domingue renversée par un ouragan, et rebâtie. 77

CHAPITRE VI

Insulaires divisés en départements. — Guerre de Xaragua. — Quatrième voyage de Colomb. — Conduite d'Ovando à son égard. — Mort d'Isabelle. — Mort de Colomb. — Nouvelle révolte. — Administration d'Ovando. — Le fils de Colomb rétabli dans ses droits. 98

CHAPITRE VII

Colonies sorties de Saint-Domingue. — Le chien Beresillo. — Établissement d'une cour souveraine. — Nègres à Saint-Domingue. —

Arrivée des dominicains. — Création d'évêchés. — Débats sur la cause des Indiens. — Conquête de Cuba. — Las Casas. — Découverte de la Floride, du Yucatan, du Mexique. — Dépérissement des Indiens d'Haïti. 108

CHAPITRE VIII

Le cacique Henri. — Il ne peut obtenir justice, se retire dans les montagnes, réunit autour de lui un parti d'indigènes. — Comment il use de la victoire, discipline ses troupes, se rend redoutable. — On lui propose la paix. — L'amiral retourne à Saint-Domingue. — Las Casas y revient aussi. — Les Indiens de Cumana se révoltent. — Rappel de l'amiral. — Sa mort. — Sort de sa famille. 125

CHAPITRE IX

Premiers indices du Pérou. — Dépopulation de l'Ile Espagnole. — Réunion des deux évêchés. — Continuation de la guerre contre le cacique Henri. — Proposition de paix sans résultat. — Nouvel examen de la question relative à la liberté des Indiens. — Les Français et les Anglais commencent à paraître dans les Antilles. — Mêmes nouvelles à Saint-Domingue. — Reprise des hostilités contre le cacique. — Négociations pour la paix. — Conditions du traité. — Travaux apostoliques de Las Casas. — Le cacique à Saint-Domingue. — L'Anglais Drake. — Dépérissement de la colonie. 137

CHAPITRE X

Établissement des Français aux Antilles. — Origine des boucaniers et des flibustiers. — Ile de la Tortue prise et reprise par les Espagnols et les Français. — Colonie protestante. — L'île est reprise par les Espagnols, reconquise par les Français. — Elle est cédée à la Compagnie des Indes. — Saint-Domingue reçoit des établissements français. — Les boucaniers ; leurs guerres. — Les flibustiers. — D'Ogeron gouverneur de la Tortue. 150

CHAPITRE XI

Guerre entre les Français et les Espagnols. — Le flibustier Morgan. — Révolte de la colonie française de l'ouest de Saint-Domingue contre le gouverneur. — Elle est apaisée. — Amnistie. — Expédition manquée de *Curaçao*. — Naufrage de M. d'Ogeron. — Massacre des prisonniers français à Porto-Rico. — Perfidie du gouverneur espagnol. — Mort de M. d'Ogeron. — Guerre avec les Hollandais. — Colonie de Samana transportée au Cap. — Seconde expédition contre Curaçao. — Représailles des Hollandais. — Révolte des nègres à Port-de-Paix. — État de la colonie. — Le flibustier Grammont. — Les hostilités continuent de la part des Espagnols. — Désordre parmi les flibustiers. — Établissement à Saint-Domingue d'un conseil supérieur et d'autres cours de justice. — Le tabac mis en régie. 165

CHAPITRE XII

Expédition des flibustiers à la mer du Sud. — Le ministre veut attacher les flibustiers au service du roi. — Révolte au Cap-Français. — Entreprise sur Sant-Iago. — Les colons de Saint-Christophe transportés en partie à Port-de-Paix. — Les Espagnols attaquent le Cap. 174

CHAPITRE XIII

Tentatives des Anglais pour s'emparer des établissements français. — Arrivée du nouveau gouverneur. — Tremblement de terre de la Jamaïque. — Expédition contre cette île. — Représailles des Anglais. — Coalition des Anglais et des Espagnols. — Prise de Port-de-Paix. — Retraite des alliés. — Les habitants de Sainte-Croix transportés à Saint-Domingue. — Procès contre de Graff. — Arrivée d'une escadre française. — Expédition contre Carthagène. 181

CHAPITRE XIV

Avénement du duc d'Anjou au trône d'Espagne. — Conduite des Espagnols de Saint-Domingue. — Les Anglais continuent la guerre. — Auger, gouverneur. — On veut faire revivre la flibusterie. — Changements dans le gouvernement de la colonie. — Fin de la flibusterie. — Paix d'Utrecht. — Perte des cacaotiers. — Désertion des nègres. — Émeutes, révolte des habitants contre les agents de la Compagnie des Indes. — Longues querelles. — Amnistie. — Fin de la révolte. — État de la colonie jusqu'à la révolution. 195

CHAPITRE XV

De la colonie française et de ses habitants. — Des colons Espagnols. — Des nègres en 1789. 203

CHAPITRE XVI

Révolution de Saint-Domingue. — République d'Haïti. — Conduite imprudente des colons. — Assemblée coloniale de Saint-Marc. — Première insurrection. — Révolte générale des nègres. — Massacre des blancs. — Toussaint Louverture. — Invasion des Anglais repoussée. 207

CHAPITRE XVII

Paix d'Amiens. — Le général Leclerc. — Toussaint en France. — Le général Rochambeau. — Dessalines et Pétion. — Christophe; sa cour. — Boyer. — Indépendance d'Haïti reconnue. 215

TOURS. — IMPR. MAME.

BIBLIOTHÈQUE DES ÉCOLES CHRÉTIENNES

1re SÉRIE

- Louise, ou la 1re Communion.
- Lucien.
- Luis et Rodrigo.
- Marins célèbres (les).
- Mœurs des Français.
- Naufrages célèbres.
- N. S. Jésus-Christ (vie de).
- Œuvre de S. Vincent de Paul.
- Pierre.
- Pierre Lainné.
- Pologne (hist. de).
- Promenades d'un Naturaliste.
- Reine Blanche (la).
- Robertson de la Jeunesse.
- Saint-Domingue.
- Sainte Clotilde.
- Sainte Élisabeth de Hongrie.
- Sainte Thérèse.
- S. Étienne Harding.
- S. François de Sales.
- S. François Xavier.
- S. Louis, roi de Fr.
- S. Louis de Gonzague et Saint Stanislas.
- Saint Martin.
- Saint Pierre.
- S. Vincent de Paul.
- Suisse (hist. de la).
- Tableau de la Grèce.
- Théodose le Grand.
- Thomas Becket.
- Un Tour dans les Prairies.
- Vies des Pères du désert.
- Virginie, ou la Vierge chrétienne, 2 v.
- Voyage au Sinaï.
- Voyage en Sicile.
- Voyages de Christophe Colomb.
- Voyages du capitaine Cook.

APPROUVÉE PAR
Mgr l'Évêque de Nevers

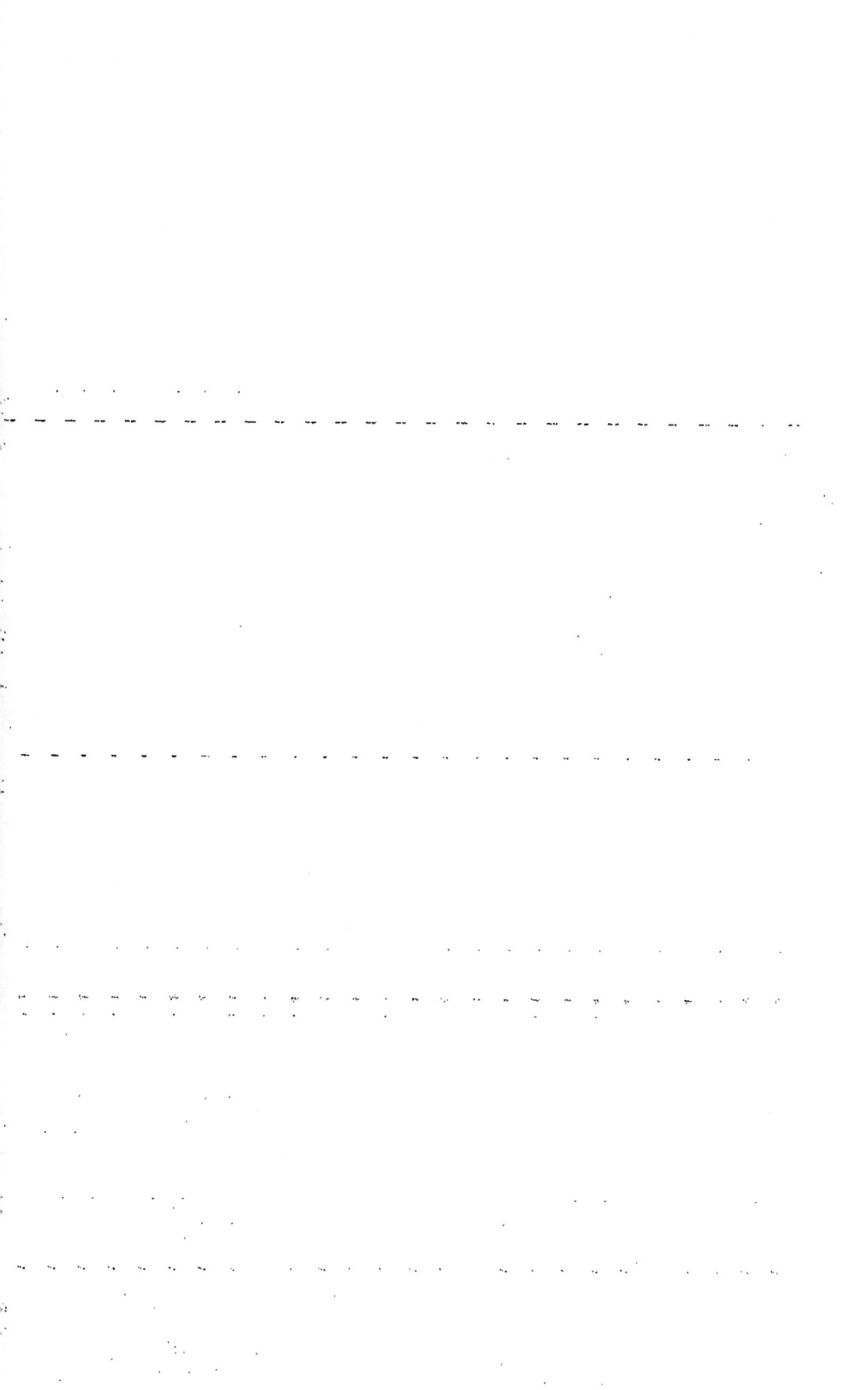